社会を根底から変える シェアリングエコノミーの衝撃！
仮想通貨ブロックチェーン&プログラミング入門

by 玉蔵

シェアリングエコノミー　未来予想図1

2025年――。
朝10：00。
太郎は出勤のために家を出た。

いつ出勤してもいい。勤務時間自体、決まっていない。
もっと早く出勤する人もいるし、遅い人もいる。

出勤と言っても、満員電車で通勤する風景は、2025年頃には見られなくなった。
電車の代わりに太郎が乗ってきたのは"流しのタクシー"。
みんなは、シェアリングカーとも呼んでいる。
そして、これは無人運転車だ。

「久しぶりの出勤だな」そう思いながら、太郎は配車ポイントまで歩いていく。
昔、街で見かけたバス停はなくなり、今では配車ポイントという呼び方になっている。
主要な道路には、必ず300m間隔で置いてある。
配車ポイントまで歩いていくと、3日前に予約したシェアリングカーは予定通り到着していた。自動運転車が太郎を拾う。

決済はスマホだ。
"チャリーン"。スマホを取り出すと、太郎が事前にデポジットしたコインから0.005BTCが差し引かれた。

今やビットコインは、色んな決済に使える。
一時期分裂騒ぎで価値が暴落したが、現在では1BTC 500万円程の価値になっている。
と言っても、そもそも日本円自体、使う人は、ほぼいなくなっているのだが。

2025年頃には車を所有する人が少なくなった。
なぜかと言えば、そこら中に自動運転車が走っているから。
配車ポイントと行き先ポイントを入力して検索すれば、空いている車は、ほぼ見つかって配車される。

駐車場もなくなった。
なぜなら駐車するより自動で流している車が多いからだ。

10：30。スムーズに会社につくと太郎はオフィスに入った。

会社と言っても、昔のような会社という組織ではない。
実は、太郎が出勤したのは、所属しているDAO（自律的分散型組織）が借りているコワーキングスペース（共同スペース）という場所だ。
自律的分散型組織というのは、お互いが独立しながら、それでいて共通の契約（コントラクト）に従ってまとまっている組織のことだ。
自宅で仕事する人も、もちろんいる。

今日出勤したのは、1か月に1回、所属DAOでの顔を突き合わせての会議があるからだ。

今回の議題は、報酬利率の変更についてだった。
会議の議題と内容はDAOに所属しているみんなに動画で配信されていた。
これは所属組織のリーダーの新しいプロポーザル（提案）があるからだ。
そしてこの動画はブロックチェーン上で記録されていて、後で誰でも見ることができる。

太郎はいくつかのDAOに所属していた。
みんなも、ひとつのDAOに所属するというより、並行していくつものDAO組織に所属している。

この組織は、太郎が所属してる組織のひとつで、ソフトウェア開発のDAO組織だった。

今進めているプロジェクトは、最近、ソフトウェアの開発フェーズが終わり、次にプロモーション、マーケティング、営業フェーズにと進んでいく予定だ。
そこで、今までは開発フェーズだったため、開発者の報酬利率が高かったのだが、今後は、営業人員の報酬利率を高めにして人員の募集を開始しようという提案なのだ。
その変更に関する重要な会議だった。
太郎は、ソフトウェアの開発者だった。

その組織は人工知能を利用した農作物流通ソフトウェアを開発するベンチャー企業だった。
2019年にICO（イニシャル・コイン・オファリング）をして、資

本金を集め活動を開始した組織だった。
AFC（オートメーションファームコイン）という独自コインを発行していた。

組織のリーダーの山本が言う。
「今まで開発人員の利率が高かったが、今後は、販売・販促フェーズに入ります。今まで以上に我々の作ったソフトウェアを世に広めるために営業とコンサルティングの人員を増やします。そのための今回の新コントラクトです」

提案は AFC IP（Improvement Proposal：改善提案）として順に番号が割り振られ、組織全員にシェアされている。
提案は一定の審議期間をおいて組織参加者の投票で決定される。

山本のプレゼンテーション動画とホワイトペーパー（白書）およびコントラクト案がブロックチェーン上で組織全員にシェアされた。このコントラクトは3か月前にテストネット上ではテストを終えている。

「今後は、このような報酬トークンのシェアリング比率で行きます」
それは事前に知らされていた。
仕事の報酬は、売上から運営コストを引いた残りが組織に携わる全員に「報酬トークン」としてシェアされる。その利率の詳細な内容が書かれていた。
要するに、全体で得た売り上げを、今回は営業人員に多めに割り振るという提案だ。
後は全員の投票で決まる。投票期間は2週間。その間に質疑応答が

あり、やりとりは、すべて動画でシェアされる。

組織の投票権は事前に全員にデポジットされ、スマホ上で投票できる。
自分の投票権は自分で投票して消費することもできるし、誰かに委託することもできる。
週に3回ほど新たなプロポーザルがあるのだが、それをいちいち投票するのが面倒な場合は、誰かに一任できる。
太郎の場合、普段は所属している組織のリーダーに一任しているが、今回は重要な提案（プロポーザル）だったので自分で投票することにした。

2週間後。あらかじめ割り振られた投票権がどのように消費されたか集計される。
委託3％、反対15％、賛成77％。
これで今回の山本の提案は採用された。
このコントラクトがアクティベート（実施）されるのは来年1月からだ。

そして、コントラクトが公開された。それを見た一般人が条件に応じて応募してきた。営業活動を行う人員は、フルコミッションの紹介手数料でソフトウェアの販売を行う。ソフトウェア売り上げの20％の利率が報酬になる。

報酬はすべてブロックチェーン上で管理され、ビジュアル化されてダッシュボードに表示される。組織内の人だけが見られる組織のダッシュボードだ。

そのため誰がどれだけ報酬トークンを配布されているかが一目で分かる。

この組織では報酬トークンの他に、組織が発行するコインの保持率や組織への貢献日数に従って配当トークンを出している。毎月の配当トークンは、いわば、株の配当金のようなものだ。
太郎の組織のトークン自体も市場で販売されている。他の組織のトークンの交換も自由にできる。太郎の組織のトークンは最近人気があって値段が上昇してる。

「この組織も大きくなったものだ」と太郎は思う。
できた頃は、5名でスタートした小さなDAO組織だった。

2021年の最初のICOに参加してから、太郎はこの組織に参加して生計を立てている。
2023年頃には、やっと営業が軌道に乗って配当が配布されるようになった。

太郎は2021年〜2023年までこの組織メインで働いていた。
そのため今、AFCを保持している分だけ毎月この組織からトークンを貰えている。

まえがき

さて、世の中を騒がしているブロックチェーン。

最近よく耳にする、ビットコインや、ブロックチェーンだとか、ICO（イニシャル・コイン・オファリング）だとか。

「一体何なの？」
そう思ってる人も多いと思う。
この本の主人公、都内で働くサラリーマンの太郎君もそのひとりだ。

この本は、太郎君の質問に答えながら、「ブロックチェーンって何？」という人から、「実際にブロックチェーン上で何かを作ってみたい！」という人まで、次世代の新しい動きに興味のある人みんなに向けて、
「ブロックチェーンを使って実現できること」そして、「ブロックチェーンが普及した未来はどうなるのか」…なんてことを、玉ちゃんがお話ししていくよ。

さてさて、ブロックチェーンは長いダンジョン。
でも地図があれば簡単にゴールまで行けるよ。

この本が、ブロックチェーンダンジョンを
進むための良い案内図になることを願って。

目次

シェアリングエコノミー　未来予想図1 1

まえがき 7

第1章　ブロックチェーンって？

ブロックチェーンの仕組み　その1 18

ブロックチェーンの概要 18

ブロードキャストと承認 22

ブロックの意味 24

マイニング 25

スマートコントラクト 26

ブロックチェーンの仕組み　その2

落ちない仕組み　P2Pについて 29

落ちない仕組み・P2P 29

P2Pのメリット　その1　落ちない 31

P2Pのメリット　その2　安い 33

ブロックチェーンの仕組み　その3

中央管理者不在の仕組み 34

みんなでアクセスできるならデータの改ざんは可能？ 34

ブロックチェーンの仕組み　その4

暗号化ってなに？　ペア鍵方式 ⋯⋯⋯⋯⋯⋯⋯ 38

ペア鍵方式 ⋯⋯⋯⋯⋯⋯⋯⋯⋯⋯⋯⋯⋯⋯⋯⋯⋯⋯⋯⋯ 38

ネット上で本人証明する署名の仕組み ⋯⋯⋯⋯⋯⋯⋯⋯ 41

ブロックチェーンの仕組み　その5　ハッシュ ⋯⋯⋯⋯⋯ 45

ハッシュ ⋯⋯⋯⋯⋯⋯⋯⋯⋯⋯⋯⋯⋯⋯⋯⋯⋯⋯⋯⋯⋯ 45

ブロックチェーンの仕組み　その6　不正を防ぐ仕組み ⋯ 50

データが通貨として成り立つ3つの条件 ⋯⋯⋯⋯⋯⋯⋯⋯ 50

改ざんされない仕組み ⋯⋯⋯⋯⋯⋯⋯⋯⋯⋯⋯⋯⋯⋯⋯ 52

ブロックとチェーンの意味 ⋯⋯⋯⋯⋯⋯⋯⋯⋯⋯⋯⋯⋯ 57

ブロックチェーンの仕組み　その7

分散台帳はクラスの日記帳 ⋯⋯⋯⋯⋯⋯⋯⋯⋯⋯ 59

太郎君の素朴な疑問 ⋯⋯⋯⋯⋯⋯⋯⋯⋯⋯⋯⋯⋯⋯⋯⋯ 59

ビットコイン技術のまとめ ⋯⋯⋯⋯⋯⋯⋯⋯⋯⋯⋯⋯⋯ 71

第2章　ブロックチェーンの今

ビットコイン2.0　仮想通貨イーサリアム ⋯⋯⋯⋯⋯⋯⋯⋯ 74

ブロックチェーン技術の3つの特徴 ⋯⋯⋯⋯⋯⋯⋯⋯⋯⋯ 74

ブロックチェーンの次の段階　ブロックチェーン2.0 ⋯⋯⋯ 75

スマートコントラクトにはこんなものがある ⋯⋯⋯⋯⋯⋯ 79

ブロックチェーンを使ったサービスの数々　その1 ⋯⋯⋯ 82

爆発的に増えているブロックチェーンを使ったサービス ⋯⋯⋯ 82

ブロックチェーンを使ったサービスの数々　その2 87

注目のスマートコントラクトアプリケーション 87

自律的分散型ファンド 87

スマートロック 89

スマートコインロッカー 91

投票 91

小売・ネットショップ 92

分散型リソース共有 95

メッセージングアプリ 97

コンテンツネットワーク 100

ブロックチェーンを使ったサービスの数々　その3 102

物流 102

環境保護 103

クラウドソーシング 104

自律的分散型組織管理アプリケーション 107

人材派遣 111

ソーシャルネットワーク 116

動画位置共有 118

ソーシャルレンディング 119

IPOじゃなくてICO 130

ICOとは 130

ICO（イニシャル・コイン・オファリング）
草コインを早めに刈り取る投資法 137

ICO を投資に使う ································· 137

具体的な ICO 投資法 ····························· 138

おすすめ ICO がわかる！ ☆（星）サイト ··········· 140

ICO 購入方法 ·································· 143

草コイン投資法 ································· 145

ブロックチェーン上の独立国家 ················· 149

ブロックチェーンで国家を作る？ ················· 149

ブロックチェーン上で結婚？ ···················· 150

ビットネーションはブロックチェーン上の独立国家 ········· 151

シェアリングエコノミー　未来予想図2 ········· 158

第3章　シェアリングエコノミーの衝撃

危険だよ　進む超格差社会 ················· 162

現在の経済状態は異常 ························· 162

日本でも広がる貧富の差の実態 ················· 168

シェアリングエコノミーの衝撃 ············· 171

シェアリングエコノミーとは ···················· 171

こんなに出てきているシェアリングサービス ········· 175

シェアリングエコノミーのその先
　　　　ブロックチェーンエコノミー ·········· 187

プラットフォーマー×シェアリングエコノミーの限界 ········ 187

ブロックチェーン×シェアリングサービスという未来 ················ 188

自分たちの経済圏を作ろう ·· 190

第4章　独自通貨を作ってみよう！
　　　　プログラミング入門

ビットコインを Hack（ハック）して独自通貨を作ろう ······ 194

自分で作れる仮想通貨 ·· 194

実際のプログラミングは簡単 ·· 196

1　ライトコインのソースコードを探す ······························· 198

2　コイン名を変更する ·· 200

3　hashGenesisBlock を変更する ······································· 200

4　bitcoinrpc.cpp ファイルの port 番号を変更する ·········· 201

特設ブログはこちら！　動画付きプログラミング講座だよ ········· 202

イーサリアム　スマートコントラクト開発方法 ················ 203

ブロックチェーン上で動くアプリも作っちゃおう ················ 203

これまでのアプリの概念と異なるところ ···························· 204

開発手順 ··· 205

開発の流れ ·· 205

イーサリアムクライアント　geth 操作編 ······················· 209

geth 操作編 ··· 209

geth のインストール ··· 210

プライベートブロックチェーンの立ち上げ ························· 211

最初のファイルを作る ……………………………………………………… 214

内容解説 …………………………………………………………………………… 216

初期化する ………………………………………………………………………… 216

コンソールを立ち上げる …………………………………………………… 217

アカウントを作る ……………………………………………………………… 220

マイニングする ………………………………………………………………… 221

送金してみる ……………………………………………………………………… 226

testrpc 編 ……………………………………………………………………… 230

エミュレーターtestrpc ……………………………………………………… 230

インストールする ……………………………………………………………… 230

起動してみる ……………………………………………………………………… 232

solidity 編 …………………………………………………………………… 236

使用する開発ツール …………………………………………………………… 236

browser-solidity のインストール＆起動 ……………………………… 236

browser-solidity の使い方 ………………………………………………… 238

プログラミングする …………………………………………………………… 239

MetaMask のインストール ……………………………………………… 246

お財布（ウォレット）ソフト MetaMask ……………………………… 246

MetaMask をインストール ………………………………………………… 247

MetaMask 経由で testrpc にデプロイ ……………………………… 251

いよいよデプロイ（アップロード）！　デプロイの流れ …………… 251

送金する …………………………………………………………………………… 253

シェアリングエコノミー　未来予想図３ ……………………………… 258

上級編　フレームワーク truffle で
　　　　高度プログラムに挑戦 ……………………… 263

コラム　全国に広がる地域仮想通貨の波 ……………… 264

コラム　小学生が仮想通貨発行？ ……………………… 266

第5章　お金って？
　　　通貨の根本にある大切なこと

現在の通貨は誰が発行してるの？ ………………………… 270

　お金を作ってるのは国じゃない?! ………………………… 270

　銀行は持ってないお金を貸し出している ………………… 273

　価値の希薄化 ………………………………………………… 277

　富の収奪 ……………………………………………………… 279

　減った価値を戻すのは誰？ ………………………………… 280

　通貨発行権＝打ち出の小づちを取り戻そう …………… 281

景気とお金の量は関係してる？

**　　　　　　　　法定通貨のおかしなところ** ……………… 283

　景気対策の真実 ……………………………………………… 283

　景気が良くなった実例　ヴェルグルの奇跡 …………… 290

　法定通貨の行く末 …………………………………………… 292

誰も知らない為替の秘密 …………………………………… 295

　赤字で成り立っている米国のからくり ………………… 295

支配者側仮想通貨 vs 反権力仮想通貨 …………………… 305

国の中央銀行が作る仮想通貨 ……………………………… 305

政府の仮想通貨はプライベート・ブロックチェーン ……… 308

注目の"黒い三連星通貨" ………………………………………… 310

ビットコイン・ブロックチェーンの始まり …………… 314

そもそもビットコインってどうやって生まれたんだろう？ ……… 314

開発者サトシ・ナカモトの思い ……………………… 322

開発者の正体は？ …………………………………………… 322

ビットコインのジェネシスブロックには何が入っている？ ……… 323

ビットコインは金本位制を模倣 ………………………… 324

シェアリングエコノミー　未来予想図4 ……………… 326

特別編　ハンガリーとアイスランドで起きたこと ………… 330

マスコミが決して報じない世界の大ニュース ……………… 330

お金を稼ぐのが、より大変になっている理由 ……………… 335

「人工知能で失業」の恐怖にはカラクリがある ……………… 340

シェアリングエコノミー　未来予想図5 ……………… 343

あとがき ……………………………………………… 347

装丁・本文図表イラスト　宮坂紀久子
表紙イラスト・キャラクターデザイン・本文イラスト　若林杏樹
校正　麦秋アートセンター

第1章
ブロックチェーンって?

ブロックチェーンの仕組み　その１

❖ ブロックチェーンの概要

ねぇねぇ。玉ちゃん先生、教えて。今騒がれてるブロックチェーンって何なの？　何がどうすごいの？

太郎君は、今話題の「ビットコイン」とか「イーサリアム」って呼ばれてる仮想通貨のことは知ってる？

ビットコインは聞いたことあるよ。

ブロックチェーンっていうのは、そのビットコインを動かしている**基盤技術**のことだよ。

ブロックチェーンは技術の名前。それを使って動いてるのが仮想通貨ね。詳しく見ていこう。

以下はTEDというプレゼンテーション番組からの抜粋なんだけど、未来学者ドン・タプスコット氏が、こう言ってる。
「**ブロックチェーンは、次世代のインターネット**」だと。

> 今後20～30年で最も大きなインパクトがあるであろう技術が現れました。
> ソーシャルメディアではなく、ビッグデータでもロボティクスでもなく、人工知能でさえありません。

> それがビットコインのようなデジタル通貨の基盤にある技術だと言ったら驚くかもしれません。
> これは「ブロックチェーン」と呼ばれています。
>
> そんなに輝かしい響きの言葉ではありませんが、私はこれが次のインターネットになると信じており、あらゆるビジネス・社会、そして皆さんの1人1人に大いなる恩恵を約束するものと見ています。
>
> 出典：ドン・タプスコット：ブロックチェーンはいかにお金と経済を変えるか
>
> 翻訳　https://headlines.yahoo.co.jp/ted?a=20161003-00002573-ted

今のブロックチェーンの状況は、インターネットの黎明期とそっくりだって言ってる人が多いよ。

インターネットが出てきた当時は、かなり胡散臭かった。
その昔、メールアドレスの@マークだのhttp://だの、そういう胡散臭い記号をはじめて見た時、なんじゃこりゃ？　って怪訝な思いをしたものだよ。

ビットコインのスタートアップ企業に出資してるのは、1994年にネットスケープを創ったマーク・アンドリーセンさん、1998年にペイパルを創ったピーター・ティールさん、日本人ではデジタルガレージの伊藤穰一さんなんかもいる。伊藤さんは日本のデジタル時代を切り開いた人だよ。
彼らはインターネットの黎明期（1994−2000頃）に活躍した人たちなんだけど、みんなそろってビットコインを支持してる。

ネットスケープ創業者のマーク・アンドリーセンさんは、「ブロッ

クチェーンは、ITの世界に起きた3回目のデジャヴ」と言ってるよ。
1回目はパーソナルコンピュータの出現で、2回目はインターネットの出現、そして3回目がブロックチェーンの出現だよ。

インターネットの黎明期って、なんだかよく分からないギーク（オタク）連中が集まって、何やらやっていて、さんざん批判されてるにもかかわらず、モノ、カネ、人の資源が流れ込んできたんだ。

今のブロックチェーンの状況って、そういうインターネット黎明期と似てるんだよ。

へー。なるほど。新しい技術が始まったところなんだね。で、そのブロックチェーンというのはどういう技術で、どんな特徴があるの？

なんだか、色んなところでブロックチェーンについて書かれていて、玉ちゃんも色々読んでいるんだけど、中には難しく書いてるものもあるなと思っていて。
でもね、ブロックチェーンって、それほど大したことはやってないんだよ。

そもそもブロックチェーンというのは、別に目新しいものではないんだ。
個々の技術は、ずーっと昔から存在していて、そういう技術を組み合わせて、うまいこと作ったなぁって感じの技術なんだよ。

えっそうなの？　それなのに、なんでこんなに新しいって騒がれてるの？　何が特徴なの？

簡単に言うと「分散型の取引台帳共有システム」だよ。

分散型取引台帳？　よく分からないなぁ。

例えば、太郎君が誰かとお金のやり取りをした場合、それを覚えておくために、家計簿なんかに記録をつけるよね？

太郎君が誰かにいくら払って、誰かからいくら貰ってとか。
ブロックチェーンは、そういう家計簿＝取引台帳をネットにつながっているみんなで共有しちゃおうという仕組みなんだ。やっていることは、それだけなんだよ。

試しに、ブロックチェーンの上で動いているビットコインネットワークにつないでみるとする。
ネットワークにつなぐということ自体、ビットコインを取引しているすべての記録＝台帳をダウンロードするってことでもあるんだ。

で、この台帳、フルでダウンロードすると現在約130Gバイトある。
それは今までのビットコインが動き始めた2009年からの取引記録の量でもある。

```
鈴木さんは田中さんに5 BTC 払いました。
田中さんは山本さんに7 BTC 払いました。
　：
　：
```

このBTCというのはビットコインの単位ね。
1ビットコインは1 BTCと書くよ。

こういうデータが130Gバイトほど溜まってるんだよ。
実際にダウンロードするのには、何時間もかかるよ。

❖ ブロードキャストと承認

うまくイメージがつかめないな。その台帳はどうやって動いてるの？

例えば、玉ちゃんが、自分の持ってるビットコインを太郎君に5万円分払うとする。
そして「太郎君に5万円分のビットコインを払いました」って自分の持ってる台帳に書き込みたいとするよね。

台帳はみんなに共有されてるから、「自分の台帳に書き込みたいです」と表明するってことは、同時に「おーい。私は太郎君に5万円払ったよ〜」って全員に知らせていることになる。

それって、みんなに放送してるようなもの。だからこの動作をブロックチェーンでは、**放送（ブロードキャスト）**というんだよ。

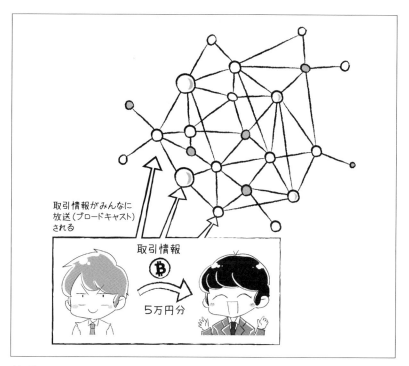

放送されるとネットワークに参加している人がみんなで「うん、確かに君は5万円払ったね」って**確認作業（検証・承認）をするんだ。それから自分の台帳に書き込める**という仕組みだよ。

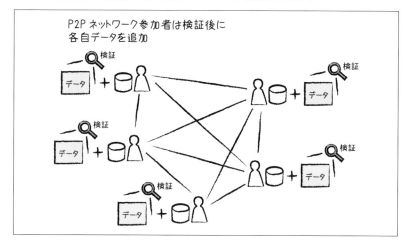

以下は、海外にあったビットコインの説明図。

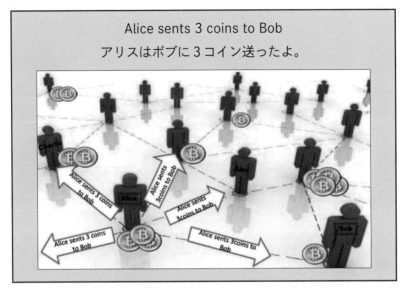

実際に行われたのは「アリスからボブへの取引」なんだけど、アリスは、アレックスにもチャーリーにも、取引内容をみんなに教えることになってるっていう図だよ。
これが、台帳がみんなに共有されてるっていうこと。

とりあえず、ブロックチェーンはみんなで取引履歴が書かれた台帳を共有する仕組みって覚えとくよ。

❖ ブロックの意味

台帳は、取引データが約10分間に約2千取引溜まるたびに1ブロックに固めて、台帳に書き込んでくの。
そのブロック（台帳）が、チェーンのようにつながれているからブロックチェーンっていうよ。

これだけじゃ分からないと思うし、この仕組みは後から詳しく説明していくけど、まずは概要だけ聞いといて。
ちなみに台帳のことを英語でLedger（レジャー）っていうので、ブロックチェーンのことを分散レジャーって呼ぶ人もいるよ。

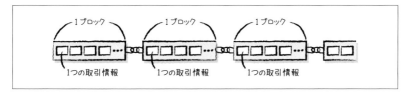

❖ マイニング

うーん。なんか分かったような、分かんないような。ところでブロックチェーンの話でよく「マイニング」って聞くんだけど。あれは何なの？

マイニング＝採掘。「ビットコインをマイニングする」というのはさ、ある処理をするとビットコインを貰えるんだけど、それを「ビットコインを地中から採掘してる」ってイメージにたとえてマイニングって言うんだよ。

例えば、たった今もビットコインの取引はどんどん行われてるよね。だいたい2千取引を10分毎に「はい。今までの10分間の取引は正常でしたよー。確かに間違いがありませんでした」ってまとめて1ブロックにして、チェーンにつなげていく。

そして、こうやって台帳に書き込む時は、計算速度が速いマシンで計算して「確かに取引に異常はないよ」っていう承認作業をして書き込んでいる。

で、その計算をしてくれた人はマシン代や電気代が結構かかってる。だから報酬として12.5ビットコインあげますよという制度になってるんだよ。

その報酬欲しさに、世界中の人が取引の承認作業をやってくれてるの。

つまり、それを採掘＝マイニングと言ってるんだよね。

まとめると、取引を承認して、報酬を貰うことが採掘（マイニング）だよ。まぁ、細かい説明は後で話すけどね。

❖ スマートコントラクト

それで、ブロックチェーンがこういう仕組みなんだなって分かると、ブロックチェーンは通貨だけじゃなくて、例えば他に契約書の証明にも使っていいって、分かってくるよ。

普通、契約書って言えば、実印で判を押したりして、後で「こんな契約してないよ！」って言い逃れできないようにする証明書のことだよね。

例えば、不動産の契約書の場合、証明するためには、どっかの公証人役場で印鑑を押して…、っていうように、公的機関で証明してもらうよね。

でも、このブロックチェーンを使えば、公的機関なんて利用する必要がないんだよ。だって、みんなが同じ台帳の取引データを持ってるんだもの。

それって「おーい。みんな！　私はＡさんとこんな契約をしたよ〜」って契約の内容を全員に送ることになるし、「確かに契約したね」って全員で確認して台帳に載せてくんだから。
さらに、その取引履歴台帳をネットワーク上の全員が持ってるんだから、言い逃れができないよね。

みんなが承認するってことはさ、**中央で管理する人、いわゆる「中央」がいらない**んだ。
この仕組みを「スマートコントラクト」と言うんだよ。スマートな契約方法っていう意味ね。

こういうブロックチェーンの仕組みは、例えば選挙の投票に使ってもいいよね。

> おーい。みんな！　私はＡさんに一票入れたよ〜。

これをみんなにブロードキャストする。

> そうだね。君は確かに投票してるね。

そうやってみんなそれぞれの台帳に記録していく。
これじゃ不正選挙のやりようがないよね。

実は、通貨ってものも、よく考えると、何円を誰から誰に渡しましたという契約書なんだよ。

あ、そっか！

というわけで、こういうブロックチェーンを使った仕組みは、通貨だけじゃなくて、あらゆる契約書に使えるでしょってこと。
以上、まずは概要をってことで、ざっくり説明したけど分かった？

なんかおぼろげに。
大した技術じゃないっていうけど、やっぱりすごそうだよ。

まぁね。
ブロックチェーンを使うと中央がいらなくなる。それにデータをみんなで共有してるから不正もできない。ここは覚えといて。

今までのインターネットが「信用なしネット」なら、ブロックチェーンを「信用ありネット」という人がいるよ。
以降、もうちょっと詳しく説明していくよ。

ブロックチェーンの仕組み　その２
落ちない仕組み　P2Pについて

❖ 落ちない仕組み・P2P

太郎君。さっきサラッと言ったんだけど、ビットコインのシステムはいつから動いてるか知ってる？

えーっと、いつからだっけ？
３年前ぐらいから騒がれ始めたから…2014年頃？

ブブー。大外れ。ビットコインは2009年から動いてるよ。

すげー。ってことはさ、2017年まで８年間ずーっとシステムが落ちずに動き続けてるってこと？

そうだよ。これはすごいことなんだよ。
動き続けて落ちないシステムが可能なのは、ビットコインがP2P（ピーツーピー）で動いてるからだよ。

P2P？　なにそれ？

P2Pっていうのは**サーバーがない**ということだよ。
というより、誰もがサーバーでありクライアントなんだよ。

以下の図を見てね。

左が今までのシステム。
真ん中にサーバーがあるよね。で、まわりはクライアント。
まわりのみんなは、真ん中のサーバーにアクセスしに行く。

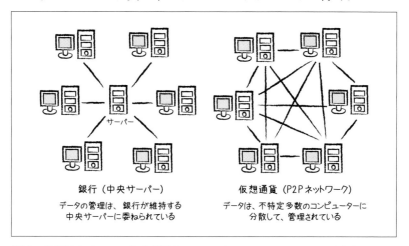

例えば銀行なら、みんな銀行のサーバーにアクセスしに行く。
銀行のサーバーが落ちたら、みんなお金の振り込みや引き出しができなくなる。

でも、それと違うのが右のブロックチェーンのP2Pネットワークね。これを見ても分かるように、P2Pだとみんなはサーバーにもなり得るってこと。

これはつまり、太郎君がネットワークにつなげると、太郎君のPCにも他の誰かがアクセスしにくるってこと。

 えー。自分のPCに誰かがアクセスしてくるの？　なんだか気持ち悪いなぁ。

そう感じるのも無理ないよね。でもこう考えてみて。P2Pの中では、みんなが対等なんだよ。P2Pネットワークって、つなげると誰でも対等にサーバーにもクライアントにもなる仕組みだって。

その昔、Winnyっていうファイル共有ソフトがあったよね。覚えてるかな？
これは、例えば太郎君が自分のパソコンに音楽ファイルをダウンロードしたら、それをどっかの誰かと共有することになるソフトね。

Winnyを使えば太郎君のパソコンがサーバーになって他の誰かがファイルを取りに来られるんだ。
もっとも昔は、著作権違反の音楽ファイルとか動画ファイルを共有したりして問題になったことがあったんだけどさ。
でもこれが、P2Pのシステムで動いてたってこと。

❖ P2Pのメリット　その1　落ちない

仕組みは分かったけど、でもまだ気持ち悪いな。
P2Pって何がいいの？
何のメリットがあってP2Pにするの？

例えばさ、ここのPCが落ちるとするでしょ。

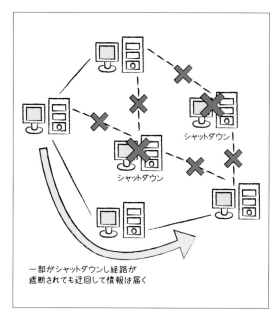

理由は何でもいいよ。停電だったりハードディスクがぶっ壊れたりとか。そうすると、ここに入ってたデータは消えちゃうよね。

でもP2Pは違う。P2PにつなげてるPCをネットの一つの結び目という意味でノードっていうんだけど、このノードが生きてれば、そこからまたデータがコピーされて他にまたコピーされてって形で復旧するよね。

ノードは、みんな同じデータを持っていて、どこかが切れてもまたコピーされて伝搬する。
つまり、P2Pネットワークは、そこにつながってるノードがある限りまた復活するんだ。

銀行のシステムだったら銀行のサーバーが落ちたらジ・エンド。
だから落ちないようにサーバーを何重にもバックアップしてシステムとか作るんだけど、それって大変でしょ？

でも、P2Pなら、ひとたびそれでシステムを組んでしまうと誰もそれを止められない。
これが今までのシステムと違うところだよ。

それにP2Pのシステムは基本的に一国の力でも潰せないよ。
だって例えば中国が規制したところで他の国にP2Pのノードがあれば迂回して使えるんだもの。
地球上のパソコンを全部破壊しない限り、データは消えないし、システムも止まることがない。だからビットコインは排除のしようがないんだよ。

なるほどー。

❖ P2Pのメリット その2 安い

それと、P2Pにつながってるノードはみんな同じデータを持ってるんだから、どれかひとつのノードにアクセスが集中することもないよ。

今だと、サイトのアクセスが集中しすぎてサーバーが落ちるってことがあるけど、P2Pは基本的にそんなことは起こらないよ。

それに個々で処理速度の速い高価なサーバーを買う必要もない。だから低コストで済むよね。
銀行がブロックチェーンに注目してるのは、低コストなのと障害に強いからなんだよ。

へー。なるほどね。「落ちない・安い」じゃ、銀行も注目するよね。

ブロックチェーンの仕組み　その3
中央管理者不在の仕組み

❖ みんなでアクセスできるならデータの改ざんは可能？

P2Pの仕組みは分かったよ。
でもさ、みんなが同じデータを持ってるんでしょ。
だったらP2Pにつながってる中の誰かがそれを勝手に書き換えたりできないの？　例えば嘘の情報を上書きしたりとか。

うん。それは誰もが考えるよね。
ここはちょっと大事なところだから、丁寧に説明するよ。

例えば現状のインターネットの仕組みだと、アマゾンのデータはアマゾンのサーバー上にしかなくて、アマゾンの管理者にしか書き込み権はない。

銀行だと、中央のサーバーの管理者が責任を持ってデータベースを更新してる。サーバー管理者にしか書き込み権はない。
例えば玉ちゃんの口座からお金を振り込む時は、口座の暗証番号とか口座のログインIDパスワードがいるよね。そして、それをサーバーがちゃんと認証して操作可能にしてる。どっかの誰かが勝手に操作できない仕組みになってるよね。

でも、ビットコインはP2Pで動いてるから、みんながサーバーでありクライアント。つまり中央管理者がいない。そうすると誰も認証する人がいない。

太郎君が疑問に思っている通り、みんながデータを共有してる仕組みなんだから、当たり前だけど、誰かに勝手に書き換えられたり、嘘の情報が書かれたら困るよね。

さて、どうしたらよいと思う？

えー。分かんないよ。
どうするの？

例えば、銀行に預けたお金の場合、どうやって盗まれないようにしてると思う？

えっ？　それは…、通帳を盗まれないように気をつけるとか、暗証番号を教えないとか、後は、銀行印を盗まれないよう気をつけるとか。

そうだよね。でもP2Pの場合は、管理者不在だから、銀行みたいにIDとパスワードを発行して管理してくれる人がいない。
そもそもP2PでIDとパスワードを発行するサーバーはクライアントにもなり得るわけで、お互いどっかの知らないPC同士だよ。

難しいな。どうするんだろ。

でしょ。で、思い出してみて欲しいのが、分散型取引台帳の特徴だよ。ビットコインのブロックチェーンは、検証・承認してから書き込まれるっていう仕組み。

実はここで、みんなで勝手にデータを書き換えられないように管理してる。
みんながみんなで見張ってるんだよ。

ん？　どういうこと？

仮想通貨って、単なるデータだよね。
物理的に硬貨を送り合っているわけじゃないよ。

例えば普通のお金だったら、ラーメン屋さんに行って、500円のラーメンを「ラーメン一杯」って頼んで食べたら、自分の財布からは500円玉が消えてラーメン屋さんに移動するよね。

うん。そりゃ当たり前だわ。

普通のお金は、物理的に硬貨が相手に移動する。でも、仮想通貨は、別にお金が移動するわけじゃなくて、台帳上で所有者が移転するだけだよ。

これは土地の登記簿に似てるよ。
土地の登記って、登記簿データベースがあって「ここの住所の土地は誰のもの」って書き込まれてるよね。
で、土地を売ると、別に土地がその人のとこに飛んでいくわけじゃなくて、登記簿の上で所有者が変更されるだけでしょ。
それをみんなが見て「あぁ、この土地は太郎君のものだな」って分かる。

仮想通貨もこれと同じなんだよ。みんなが所有してる台帳上で所有者が変更される。

だから、台帳上で、勝手に持ち主を変更できたり、1ビットコインしか持ってないのに、AさんにもBさんにも1ビットコイン払うなんて二重払いができたりしたら困る。

そうできないように、P2Pに参加してる人同士で監視し合ってるんだよ。

要は、みんなと台帳を共有してるけど、勝手に誰かが自分のコインの所有者を変更したり、持ってもいないコインを書き込めないようにしているってことだよね。どうやってるの？

ブロックチェーンの仕組み　その4
暗号化ってなに？　ペア鍵方式

❖ ペア鍵方式

長々説明したけど、実は仕組みは簡単だよ。ブロックチェーンでは誰かが勝手に台帳を書き換えたり、嘘情報を書き込めたりしないように**暗号を使ってる**んだよ。

ぉぉ。暗号か。なるほどー。

まず暗号の仕組みを説明しとくよ。

暗号って、どういう時に使うかって言うと、AさんとBさんの間で手紙をやりとりして、途中で内容を盗み見られたり、書き換えられたら困る時だよね？
だから、2人の間で暗号化のルールを作る。
例えば、アイウエオ50音を1列ずつずらして書くとかね。読む時は元に1列戻して読むとかね。

単純な暗号だな〜。

まぁ、こういう単純なルールだとバレちゃうけどさ。
昔、ナチスドイツはエニグマっていう強固な暗号システムを使ってたよね。それも連合国側にバレちゃったんだ

けどさ。

それから、日本軍がアメリカと戦った時にも、通信を暗号化していたよね。でも、暗号を解読されて、ミッドウェー海戦の時は待ち伏せされて全滅しちゃった。

つまり暗号ってのは、ルールを解読されたらおしまいっていう仕組みでもある。だから解読されないことが大事。当たり前だけど。

で、その当時、使っていた暗号は、共通鍵という暗号化方式だったんだよ。

共通鍵？　どういう意味？

「鍵」ってのは、「暗号化のルール」のことだよ。
送信側と受信側が、共通のルールを使うのが共通鍵暗号化方式ね。

でも、これだとインターネット通信の場合、問題がある。
例えば玉ちゃんが地球の裏側のアルゼンチンにいる人とメールを暗号化してやりとりしたいとなったら、事前に「お互いこういうルールで暗号化しましょうね」と決めて、メールを送らなきゃならないよね。
でもさ、このルールを伝えるメール自体、簡単に傍受されちゃうインターネットでなんか送れないよね？　例えば事前に手紙で送るとか、実際に会ったりしなきゃいけないよ。これって面倒だよね。
だから、現代では別の方式、**ペア鍵方式**が使われてるの。

ペア鍵方式？ なにそれ？

鍵1（ルール1）、鍵2（ルール2）というふうにペアの鍵を作る方法。
これは数学的な仕組みを使って暗号化した鍵1（ルール1）を、鍵2（ルール2）でしか読めないようにしてるものだよ。またその逆に、鍵2（ルール2）で暗号化したら鍵1（ルール1）でしか復号化（＝解読）できないって仕組みなんだよ。

そうしたら、とても便利に暗号化できるんだよ。
だって、鍵の一方（例えば鍵1）を事前にネットを通して相手に送っとけばいいんだから。

太郎君はやりとりする相手に「メールを送る時は、鍵1で暗号化して送ってね」って言えばいいだけ。
そうしたら相手はその鍵で暗号化してメールを送ってくる。

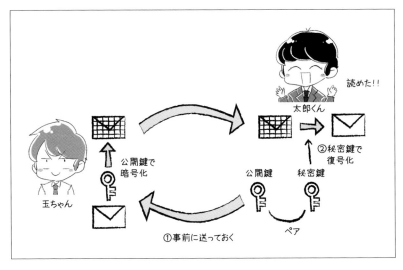

太郎君はペアの鍵の一方（鍵2）を持ってるんだから、復号化（＝暗号を元に戻）して読むことができるよね。
でも、ペアの鍵を持ってない人は、いくら途中でメールを盗み見ても復号化できない。文字化けして読めないんだ。

ペアの鍵のどっちか一方は、自分で大事に持っているから「秘密鍵」っていうよ。一方は渡すけど一方は誰にも渡さない。
そして、人に渡す方の鍵は「公開鍵」と呼ぶから、この方式のことを「公開鍵暗号方式」と呼ぶんだよ。

よくインターネットのアドレスでhttp:// というのを見かけるよね。
時々https:// となってることがあるの、気づいてる？
これはサーバーとのやりとりが暗号化されているということ。実はこれも公開鍵暗号方式を使ってるんだよ。

ちょっと難しいけど、カギを持ってないと解けない仕組みを使ってるっていうのは、なんとなく分かったよ。

❖ ネット上で本人証明する署名の仕組み

ネット上では、もうひとつ大切なことがあるよ。

土地の登記簿とか契約書って、"実印"を押すよね。
この実印っていうのは「確かに私が許可しました」っていう公的な証明に使うよね。そして、その実印は事前に役所に登録しておく。
海外なんかでは、よく手書きのサインを使うよね。真似されないようにわざと複雑なサインにしたりとかね。

印鑑やサインって、実社会で本人である証明に使われるよね。ネットでも同じように「本人だ」って分かる証明が必要になる。いわゆる「本人証明」。

ネットでは、「なりすまし」が問題になる時があるんだよ。さっきのブロックチェーンの台帳の場合、誰かが太郎君になりすましてデータを書き込めたら太郎君のコインが盗まれちゃう。

そこで、本人を証明する時に、電子署名が使われるんだよ。で、さっき紹介した公開鍵暗号方式を使うと電子署名が作れるんだ。

なるほど。誰かが勝手に台帳を書き換えられないようにするのに、電子署名を使うのか。

そう。さっき相手に渡す方を公開鍵、自分が誰にも見せずに大事に持っている鍵を秘密鍵と言ったよね。
この仕組みを使って署名を作る。つまり、なりすましを防ぐんだけど。これって、具体的にどうやると思う?

えーっと。ペアの鍵を使うんだよね。
これで署名するってどうするんだろ。普通に分からないよ。

例えば、玉ちゃんが太郎君にメールを出す。
メールを出すと同時に、それを秘密鍵で暗号化したメールもひっつけて送るんだよ。

> ✉ 明日の午後3時、渋谷のハチ公前で会いましょう。
> ✉ %e フ3%83% φ8ノノフハ¦a埃%e3・　カフ塾・#%

太郎君は、暗号化してないメールと、暗号化してるメールの両方を受け取る。暗号化してる方は、通常、文字化けして読めない。

で、太郎君は色んな人の公開鍵を持ってるから、鍵の照合をしてみる。田中さんの鍵でも、鈴木さんの鍵でも読めない。お？　玉ちゃんの公開鍵では読めた！

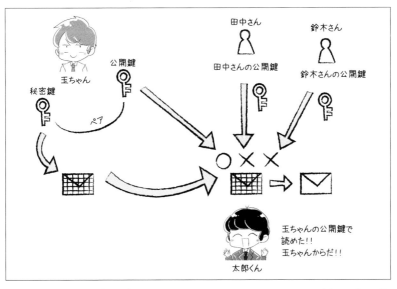

玉ちゃんの公開鍵で読めたってことは、このメールは玉ちゃんの秘密鍵で暗号化したものだってことだよね。ってことは、この暗号化したメールは本物の玉ちゃんが送ったんだって分かる。

で、暗号を解いた内容は元のメールと見比べると同じ内容だった。

> ✉ 明日の午後3時、渋谷のハチ公前で会いましょう。
> ✉ 明日の午後3時、渋谷のハチ公前で会いましょう。

こうやって本人が送ったことを証明できるってこと。これを**電子署名**っていうんだよ。簡単でしょ。

分かった。じゃ、台帳を書き込む時は、署名がない書き込みは受け付けないという仕組みなんでしょ。
それで、署名が合う書き込みしか変更できないようにすれば他の誰かに不正に書き込まれなくて済むよね。

そうそう。飲み込み早いね。
電子署名で不正な書き込みを排除してるわけ。

ブロックチェーンはあらゆる情報の断片に固有の署名を入れ込んでおく仕組みだよ。
それで、情報が改ざんされたら、その署名のコードが機能しなくなって、どこかの誰かが改ざんしたってすぐに分かっちゃうわけ。

そして、さらに不正を防ぐために、他にもハッシュって仕組みを使うんだよ。

ひょえー。暗号、電子署名にプラスして、まだあるのか。

ブロックチェーンの仕組み　その5
ハッシュ

❖ ハッシュ

もうひとつの重要な技術"ハッシュ"って仕組みを説明するよ。

その昔、中学校時代に数学で「関数」って習ったでしょ？
y=2x とかさ。

> x に 1 を入れると y=2
> x に 2 を入れると y=4
> x に 3 を入れると y=6

関数って、x に何らかの function（作用）をさせて y にするという意味で　y=f(x)　なんて書いて表してたよね。

懐かし〜。そうそう。覚えてる。

で、ハッシュ関数という数学的に不思議な関数があるんだよね。こんなの学校では習わなかったかも知れないけど。

ハッシュ関数っていうのは、この関数 x にどんな値を入れても、256ビットの長さの文字列が出てくるって関数なんだ。

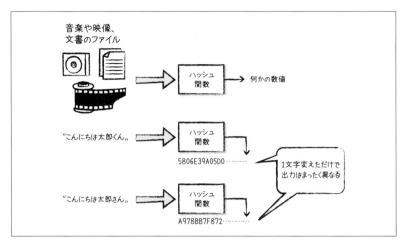

例えば「こんにちは」と入れると、必ずyには長さが256ビットの文字列、

```
c0e89a293bd36c7a768e4e9d2c5475a8
```

こんなのが出てくるよ。

以下のサイトで色々文字列を入れてやってみると面白いよ。

```
http://www.md5hashgenerator.com/
```

例えば入力に「こんにちは」じゃなくて「こんにちは太郎君」って入れてみると全然違う文字列が出てくるよ。

```
812707b6e2740d15f525e9912af6b2fb
```

ハッシュ関数は、入力する文字列がちょっとでも変わると、全然違う文字列になるんだ。

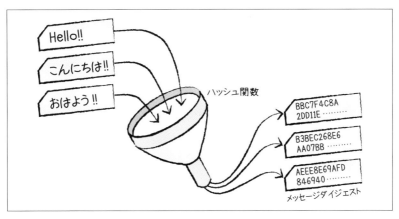

試しにもっと長ーい文字列を x の文字列に以下を入れてみよう！

x =「明日は日本全体が東日本中心に晴れて気温が上がっていて、午前中から35度以上の猛暑日となっています。気象庁は各地に高温注意情報を発表。熱中症に十分注意するよう呼びかけています。」

そうすると、こんな文字列が出てくる。

15ad4b82d4f981bde836be0dd1ce0b72

つまり、ハッシュ関数というのは、どんな長い文字列を入れても256ビットの文字列が出てくるんだよ。

ほぉ。面白いね。でも、これがブロックチェーンにどう使われてるのさ？

それは、例えば巨大なデータをちゃんとダウンロードできたかを確認する時なんかに使われてたりするよ。

例を挙げると、DVDのデータ。これは5Gバイトぐらいのデータ量だから、途中でネットがブツンと切れちゃって、ちゃんとダウンロードできないなんて時があるよね。

そういう時、ダウンロード確認用に、ダウンロード元のサイトにそのデータのハッシュ値が載っていたりする。

するとダウンロードした人は、DVDのデータにハッシュ関数をかけて出てきた256ビットの文字列とそのサイトに載ってる文字列を見比べるんだよ。
それで、一致してたらデータが壊れてないって、分かるよね。
だって、ちょっとでもデータが変わると全然違う文字列になる仕組みだからね。

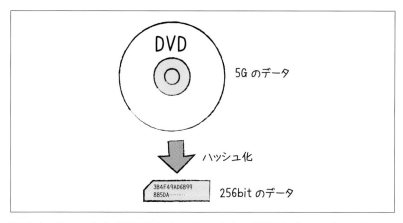

巨大なデータを全部確認するのは、めちゃ時間かかるでしょ？
でも、ハッシュ関数を通せば、文字列が合っているかどうかを見るだけでいいんだから、簡単に確認できるのよ。

 そっか、便利だね。それ。

ハッシュ値が同じなら、元のデータも同じってこと。

言い換えると、違うデータからは必ず違うハッシュ値が出てくる。

この関数を使えば色々なことができて便利なんだよ。

台帳を共有化するために欠かせない・
不正を防ぐ
ブロックチェーン技術のまとめ

・特定の人しか読み書きできないよう暗号化するためのペア鍵

・ペア鍵を使って本人を証明するための電子署名

・巨大データを瞬時に照合できるハッシュ関数

ブロックチェーンの仕組み　その6
不正を防ぐ仕組み

❖ データが通貨として成り立つ3つの条件

それで、署名とか、ハッシュ関数を使って、ブロックチェーンは不正をどう防いでるのさ？

その前に、ここを押さえておきたいんだけど。
ブロックチェーン上にあるビットコインとか仮想通貨って「単なるデータ」ってことだったよね。

取引台帳に書かれてるデータの中身を見ると、

> 何月何日何時何分何秒　ＡさんはＢさんに5BTC払いました。

って書かれているに過ぎない。
台帳上のデータに過ぎないものを、みんなが価値があると思うから通貨になってるだけのこと。

仮想通貨＝データ…。お金だけどデータ。
実感は、なかなかないけど。

まぁ、それは、みんなが持ってる紙幣も同じだよね。本来、紙に過ぎない。でも、みんながそれとモノとを交換できると思ってるから通貨になる。

ビットコインもみんながこのデータと何かを交換できると思うから通貨になってる。

これは分かるよね？

まぁね。みんなが「価値がある」と思うから通貨になるわけでしょ。

そう。だから、データとしてもすごく厳密に不正ができないようなデータじゃないと通貨としては成り立たないよね。

簡単に書き換えられたり、偽物が作れたり、コピーできたりするデータだったら通貨として成り立たない。

データが通貨として成り立つためには以下の3つの条件がそろってる必要がある。

データが通貨として成り立つための3条件
①送信者が誰か特定できる。
②送信内容が途中で改ざんされない。
③送信者が後で自分が送信したことを否定できない。

で、ビットコインが2009年からずーっと止まらずに動いてるのは、この①〜③が、ただの一度も破られたことがないからなんだよ。

世界中にはハッカーとか、色んな悪い人がいるのに、今まで誰もこれを破って不正できていない。

誰も！ すげー。ビットコインすげー。っていうかブロックチェーンがすごいのか〜。

❖ 改ざんされない仕組み

お金＝データってところ、もうちょっと見ていこうか。この図を見てね。これは、ビットコインの発明者サトシ・ナカモトさんが書いた図だよ。

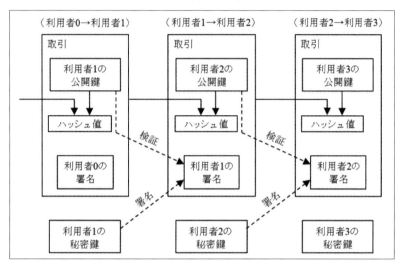

この図を、玉ちゃんから太郎君に送金する時だと思って見てみよう。

まず、玉ちゃんは太郎君のアドレスを教えてもらってそこに送金する。送金するって言っても、やってることは、要するに何時何分何秒誰が誰にいくら払いましたって台帳に書き込むだけ。

で、「このアドレスにビットコイン送って～」っていうビットコインのアドレスは、以下のような感じの文字列になってるよ。

```
1C2At1iRBsB1WVQpgQZxXANojbdakCbHDL
```

あぁ。これはハッシュ値？
そういえば、僕もスマホにビットコインのウォレット（財布）ソフト入れた時、自分のアドレスがこんなのだったな。

そう。それは公開鍵のハッシュ値がアドレスになってるってこと。つまり玉ちゃんは、太郎君から公開鍵を貰って「1ビットコイン送りましたよ」って台帳に書き込む。その時、玉ちゃんは自分の秘密鍵で署名する。
そのデータが通貨ってことだよ。この図はそれを表してるよ。

で、台帳上のデータは後でみんなが中身を確認できる。
以下のサイトでブロックチェーンの取引は全部検索できるよ。
例えば取引IDを入れると、どのアドレスからどのアドレスにいくら払ったかすぐ出てくる。

> https://blockchain.info/ja

さらに誰かが玉ちゃんになりすまして「送金した」って書き込んだとしても、玉ちゃんの公開鍵でそのデータを復号化できなきゃ、それは、なりすましだってすぐバレちゃうわけね。
不動産の登記簿が持ち主の実印を持ってかないと書き換えられないのと同じなんだ。署名が一致しないデータは不正データだから、ブロックチェーンに書き込まれないんだよ。

まとめると、ビットコインの取引データというのは、以前までの取引の内容と、受信者の公開鍵をひっつけて送信者の秘密鍵で署名して台帳に書き込むことを言うんだよ。

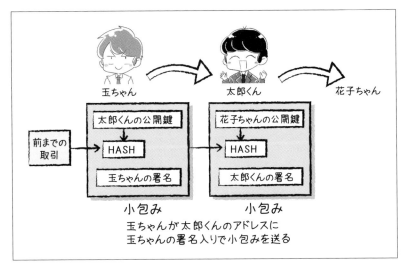

上の図で言うと、玉ちゃんが前までの取引に太郎君の公開鍵をひっつけて、玉ちゃんの秘密鍵で署名して送るってこと。

小包に送り先を書いて、送り主の実印を押して封をして送るってことと同じだよ。

> 新取引1＝前までの取引内容＋太郎君の公開鍵＋玉ちゃんの署名

次の取引も同じ。

> 新取引2＝前までの取引内容（さっきの新取引1の内容）＋花子の公開鍵＋太郎君の署名

おぉー。なるほど。でも、相手の宛先の公開鍵と自分の署名を入れて送金したって台帳に書き込むのはいいけど、なんでそれ以前の取引内容も入れるのさ？

例えば、玉ちゃんが持ってもいないビットコインを勝手に「太郎君に送りましたよ」って不正できたら困るでしょ？

それに、玉ちゃんが１ビットコイン（以下BTC）しか持ってないとして、太郎君にも１BTC払って、次郎君にも１BTC払って、三郎君にも１BTC払ってとか、自分が持ってる以上のコインを払えたら困るよね。

これは前にも説明した「二重支払い問題」だけど、これができたら通貨として成り立たないよね。

そんなことができたら、いくらでもズルできちゃうからね。

そう。だから、玉ちゃんは**なぜそのビットコインを持ってるのか、その出自が分かるように以前の取引情報を入れてるわけ。**

玉ちゃんのコインは、元はそもそもどこから来たのかを、さかのぼって見られるようになってなきゃダメってこと。だから、以前の取引内容を入れてるんだよ。

で、まぁ、以上は説明のためにデフォルメして言ったんだけど。厳密に言うと、取引が作られるたびに、いったんその取引はメモリープールという場所に放り込まれるんだよ。

それで、それを前の取引情報に従って整列させる。
取引はひとつ前の取引情報のハッシュを持ってるから順番に並べられるよね。

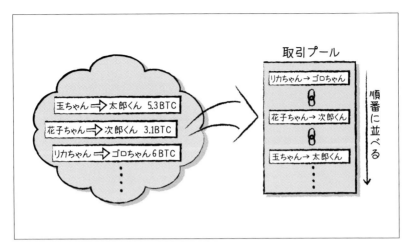

ここで不正な取引を除外する。
過去の台帳の中を検索して、玉ちゃんが過去に一度もコインを貰ってる形跡がなければその玉ちゃんの取引は、はじく。
だって、不正データだもの。

他に同じアドレスから送金が複数回実行されてるとか（二重支払い）があっても、はじく。これも不正データ。

残高以上に送金してるのも、はじくわけ。
で、プールからはじいて不正をなくしたものを取引台帳に書き込んでいくの。
これをやるために前の取引がどの取引なのか紐付けられるようにしてるわけ。

それで不正が除かれた取引データが約2千取引溜まったら、ひとつのブロックにして台帳に書き込んでいくんだよ。

❖ ブロックとチェーンの意味

そうだ、ブロックの意味をちゃんと聞きたかった。最初にブロックの意味を聞いたんだけど、取引を固めてブロックにするって、どういうことか分からなかったんだよ。

ブロックは10分毎に約2千の取引が固まったもの。取引の塊(かたまり)のこと。この図を見て。

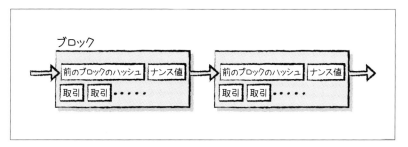

ブロックチェーンの「ブロック」には、前のブロックのハッシュが入ってる。つまり前の取引データが入ってるってこと。

これがあたかもブロック同士が「チェーン」でつながれてるような仕組みだから、ブロックチェーンって言うわけ。
前のブロックとチェーンで連結されてるわけね。

なるほど。ブロックチェーンってチェーンでつながった取引の塊ということか。データ自体も、前から続く履歴が途切れずにつながっているデータなんだね。

そういうこと。
この仕組みだと、前のブロックをちょっとでも変更する

と、それ以降のブロックの内容も全部変わっちゃう。
ハッシュはちょっと中身が変更すると全然違う文字列になるからね。

そうすることで一個の取引の改ざんは全部のデータに影響する。
そうやって、データの断片のちょっとの改ざんがすぐ分かるようにしてある。

つまり、取引情報には前の取引情報が含まれてるし、それが塊になったブロックにも、前のブロックのハッシュが含まれてる。

まとめると、**ブロックチェーンとは、あらゆる情報の中に署名が含まれてて、ちょっとでもデータを改ざんすると全体が変わってしまうからすぐバレちゃう仕組み**ってこと。

ブロックチェーンはあらゆるデータの断片が全体とつながってるから改ざんされにくい仕組みになってる。
だから、2009年から8年も経ってるのに、いまだにビットコインは破られてないんだよ。

 すげー。やっぱりブロックチェーン、すげーわ！

ブロックチェーンの仕組み　その7
分散台帳はクラスの日記帳

❖ 太郎君の素朴な疑問

ねぇねぇ。ブロックチェーンってP2Pでつながってて、みんなで同じ台帳を持ってるんだよね？
P2Pでつながってる誰もがデータを追加できるんだよね？

そうだよ。P2Pネットワークにつながるものには、誰もが台帳の更新権限がある。ブロックチェーンの考え方は中央集権じゃないからね。つまり、中央がなくてもみんなで正しくデータを管理できる仕組みを目指してる。それを「分散管理」と言うんだけどね。

うーん。でも、そういう分散管理だと台帳がぐちゃぐちゃにならない？
例えば僕が自分のPCにつながってる台帳を勝手に書き換えるとすると、当たり前だけど他の人が持ってる台帳と違いが出てくるよね？　なぜみんな同じ台帳になってるの？

そうだね。誰かが台帳を更新したら他と違うものになる。だから、前に少し言ったけど、更新したってことは、みんなにブロードキャスト（放送）されて伝搬するよ。

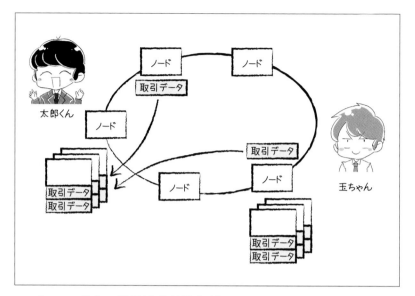

うん。そこは分かるんだ。
でも、みんな一斉に更新したら、あっちこっちからブロードキャストが来て、訳が分からなくなるでしょ。
みんながどうやって同期を取って、同じ台帳にしてるのさ？

それは学生時代のクラス日記にたとえて説明してみるよ。
例えば40人1学級でクラス日記をつけるとする。
もし、みんながバラバラに好き勝手に日記を書き込めたら、ぐちゃぐちゃのクラス日記になっちゃう。

だから普通は、クラスの日記当番を決める。日記当番の子以外は書き込めなくする。そうしたらグチャグチャにならなくて済む。

うん。普通はそうするよ。だけど、それだと書き込めるのは1人だけになるよね？

そう。それだと銀行とか役所と同じだね。中央に管理者を1人置いて管理者だけにデータ更新権限を持たせる。

だけど、もちろんそれはビットコインとは真逆の考え方だよ。ビットコインは中央に管理者を置かないのが特徴なんだから。

じゃあ、みんなが書き込めて、なおかつみんなが同じ日記になる仕組みはどうやってんのさ。

それは、ブロック毎に日記当番を替えてくんだよ。
日記がある程度溜まったら、1ブロックにまとめて書き込む。それで「次の日記書きたい人～？」ってクラスの中から新当番を募集するってイメージ。

ビットコインは世界中で1日約30万件の取引がある。で、だいたい10分ごとに取引が約2千溜まる。そして1ブロックに固めて、ガッチャンコって台帳に書き込んでいくわけ。
1ブロック書き込むたびに「次、書き込みたい人～」って募集するの。

ぉー。代わる代わる日記当番を替えるのか。それならみんなが書き込める。

P2Pにつながってる人には、全員に書き込み権がある。ただし、ある条件をクリアした人しか、書き込み権は貰えないんだけどね。

その条件ってなに？

まぁ、くじ引きみたいなもんだね。スロット回して777が並んだ人が書き込めるってやつ。

へー?!　スロット回して決めてるんだ。おもろ。

そう。で、ブロックの構造を思い出して欲しいんだけど。新しいブロックは、前のブロックのハッシュ値が含まれてる。それはつまり、ハッシュで巨大データのダイジェスト版を作って入れてるってことなんだ。

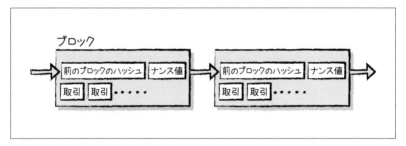

ちょっとこのサイト見てみて。(https://blockchain.info/)

このサイトは、今現在のビットコインのブロック内容が見られるサ

イトだよ。

左端の例の一番上の481238という番号のリンクを押すと以下の情報が出てくる。

概要		ハッシュ	
取引件数	2090	ハッシュ	000000000000000000e10077f6d1829cce5eb9571ede2783a7b494f650f48ea7
合計出力	32,213.43664513 BTC	前のブロック	0000000000000000009dc7a615e2a15c864353od253af7c25db8bf4d08ba90
推定取引量	2,543.52919035 BTC	次のブロック (複数可)	
取引手数料	2.91663268 BTC	マークルルート	b9394981b702d1adb9b5930f95141f74f65115f323a25cd454e95f78a57154eb
ブロック高	481238 (主鎖)		
タイムスタンプ	2017-08-19 11:02:30		
受け取り時刻	2017-08-19 11:02:30		スポンサードリンク
中継所	Unknown		

ブロック #481238 というのは、「今参照してるブロックは481238番目のブロックである」という意味だよ。

ビットコインは2009年に始まり今までずーっとブロックが作られていて、これは48万1238番目のブロックだということ。

もう、そんなにブロックがあるんだ。

そう。だって今までの取引がぜーんぶ書かれた台帳なんだもの。で、その下に取引件数2090とある。これは、このブロックに含まれてる取引の数は2090件あるよってこと。

2090件の取引が1まとまりになって、1ブロックになってんの。サイズはだいたい1Mバイトある。で、このページの右側の上にハッシュってあるよね。

```
ハッシュ000000000000000000e10077f6d1829cce5eb9571ede2783a7b494f650f48ea7
```

と書かれてる。これはこのブロックデータのハッシュ値だよ。
ハッシュっていうのはダイジェスト値で、ランダムな256ビットの数だったよね。つまり1Mバイトのデータが256ビットになってるってこと。

そうだね。でもランダムっていうけど、先頭に0が18個ならんでるよ。その下に、前のブロック0000000000000000000c9dc7a615e2e15c8643530d253af7c25db8bf4d088a90ってあるけど、これも0が並んでる。

そう。そこが、スロットでそろえてる部分ね。
本来、ブロックのハッシュ値を計算するとランダムになるはずなんだけど、わざと先頭から0が18個の数値にしてあるの。

へ？　どういうこと？

普通はブロックデータをただハッシュ化しても0は並ばない。こんなふうな値になるだけ。

```
FB36785B1750949FFCBC1D6778DDB9057487C18AE7DB5CDFC4DEA0C16B60FA0E
```

だから、ブロックのデータに何らかの文字列を足して、再度ハッシュを計算する。
で、0が並ばなきゃ、またまた文字列を変えてハッシュを計算する。

で、また並ばなきゃ文字列を変えてハッシュ値を出す…ってのを繰り返して0が18個並ぶまで計算するの。
で、ある瞬間に0が18個並ぶ文字列が出てくる時がある。
そうしたら、「先生、0が18個並びました！」って手を挙げるわけ。

すると「ぉー。ビンゴー！」ってことで、ハッシュの先頭に0が18個並んだ人が日記の書き込み権が貰えるの。

なるほどー。それでみんなでスロット回して競争してるって言ったのか。

そう。その付け足す文字列のことをナンス文字列と呼ぶんだけど、ナンスを何度も変えて、そのたびにハッシュを計算してゼロが並んだ人が書き込み権を貰うという競争。

これって、スロットでスリーセブン777が出た人が書き込み権を貰えるみたいなやり方でしょ？
で、これが骨が折れる作業で、先頭に0を18個並べるなんてのも、すごい計算量なんだ。何回やってもなかなか並ばない。
で、世界中で計算機回して、その競争をやってるんだよ。

なんかアホみたいなルールだなぁ。

まぁね(笑)。こういうのをプルーフオブワーク(Proof Of Work)っていうんだよ。略してPOWね。
要は、0(ゼロ)を並べる仕事(Work)の証明(Proof)。

でも、なんでこんなにしてまで、みんな台帳に書きたがるのさ。計算労力も半端じゃないんでしょ。何のメリットがあるのさ。

そりゃ報酬として12.5ビットコイン貰えるからだよ。スロット回してゾロ目を出して書き込み権を貰えれば報酬で12.5ビットコイン貰えるルール。

これをビットコインのマイニング(採掘)と言って、その処理をやる人達を「掘る人達＝マイナー(採掘者)」と言うんだよ。
前も言ったけど、地中からビットコインを掘り出すというイメージね。本当に堀り出してるみたいでしょ？

このマイニングは、今だと1ビットコイン50万円ぐらいだから、報酬は、50万円×12.5＝625万円だよ。誰でもやりたがるよね。
(2017年9月上旬現在の価格)

どわーーー。やるやる。僕もやる。ビットコイン掘るよ。マイニングする。今からパソコン買ってきます。

いやいやいや。それが、最近はそこまで簡単じゃないよ。まず電気代がめっちゃかかる。日本でやっても採算合わないよ。

マイニングをやるなら、ネット回線が通ってて、電気代が安いとこでやらなきゃね。

今では、中国の内モンゴル自治区で中国人がパソコンを何百台もつないで計算をしてるよ。電気代が安いから建屋1棟分ぐらいPCをつなげてやってる。

中国ではマイニング専門会社がいくつも出てきてる。
その中で、ジハン・ウーさんのBITMAINって会社が有名だよ。

この人はプログラムのバグを利用して、なんと水増ししてマイニングする機械（ASIC Boost：エーシックブースト）なども発明してさらにマイニングしてる。

これはBITMAIN社のマイニング工場の様子だよ。

すげー。ビットコインって中国人が掘ってるのか。

そう。今ではほとんど中国がマイニングしてるね。

まぁ、株でも銀行取引でもなんらかの取引は中央コンピューターが1日何百万件も処理してる。
太郎君の銀行口座の残高だって、スパコンが毎日計算して口座残高を更新してるんだよ。その計算労力がすごいので、銀行は太郎君から振込手数料を取ってる。

ビットコインの場合は、中国人が台帳処理してくれてて、その分、報酬を貰ってると考えてもいい。

うーん。でも、ビットコインの考え方として分散処理が理念だったんでしょ。これだと実質的には中国に管理されてるってことでは？

まぁ、本来の理念はそうなんだけど、現実問題、マイニングにはパワーがいるからね。安い電気代にものを言わせた中国に偏りが出てきちゃったってことね。

でも、今後はビットコイン専用の衛星が出てくる予定もあるから徐々に是正されるかもね。

これはBlockstream社が発表したビットコイン専用衛星のイメージ。

地球上には中国の他にもマイニングに適した場所がいっぱいあったんだけど、結局、回線設備の関係で中国がやってたんだよ。
でも、衛星ができて世界のどこでもビットコインネットワークに接続できるようになると、砂漠のど真ん中にソーラーパネルを立ててソーラーマイニングもできるよ。

そうすると、地熱とか水力の自然エネルギーで、極端な話、北極でだってマイニングできる。
こうなると偏りがなくなって本来の理念通り中央集権ではなく分散化ってことになるよ。

それと中国のジハン・ウーって人は、自分たちのマイニングパワーにものを言わせて、ビットコインを自分の思うようにコントロールしようとして一時期、ビットコインの分裂騒ぎになったことがあった。
でも、ビットコインの開発者達が新方式のプログラムに書き直して（これを segwit［セグウィット］と呼ぶ）、ジハン・ウーさんの自由にはできなくしてしまった。
だから、中国の影響力は今後減っていく可能性が高いよ。

まぁ、中国だけに偏ると中国がコントロールする通貨になっちゃうからね。僕はそっちの方がいいよ。
それにしても、0をそろえたら台帳に書き込めるというルールは無駄が多すぎない？　電気代もったいないじゃん。

いや、そのおかげで改ざんできないんだよ。
前のブロックを改ざんしたら、それ以降のブロックのスロット回しをまたやんなきゃいけないんだからさ。

ブロックチェーンは**長く伸びたブロックを正式なものと見なすルール**だから。
例えば不正なデータを入れた新ブロックを作るって言っても、みんながそれを正式ブロックと見なすには、今の正式なブロックを追い越してさらに長く伸ばさなきゃならないんだよ。

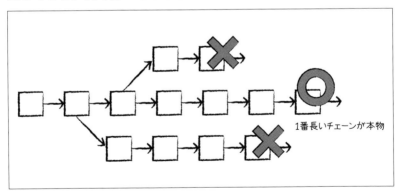

でも正式なブロックは世界中の人が争ってスロット回してるから、それに勝つ速さでスロットを回す必要がある。
それには物すごい計算能力がいるし、労力も膨大になる。だったら普通に正式ブロックに参加して約600万円の報酬を貰った方が儲かるよね。
この仕組みは、不正するモチベーションが湧かないんだよ。

だからビットコインのブロックチェーンは今まで誰からも改ざんされてないわけ。

以上が技術的な仕組みの説明だよ。
ちょっと長くなっちゃったから、まとめるよ。

❖ ビットコイン技術のまとめ

取引が10分毎に約2千取引溜まったら1ブロックに固める。
↓
前のブロックのハッシュを入れてブロックをつなげる。
その時、簡単にデータを書き込めないようにスロットを回して
ゼロが18個並ばないと書き込めないような負荷を与える。
↓
ゼロがそろったらおめでとう！ ブロックをつなげて報酬として12.5ビットコイン貰える。
↓
書き込んだ新ブロックは、みんなにブロードキャストされ共有される。

こうやってみんなが書き込めて、なおかつ、みんなが一緒の台帳という仕組みが作られてるんだよ。

こういうのを「みんなでコンセンサスをとる方式」という意味で、コンセンサスアルゴリズムって呼ぶんだよ。

以上をさらにまとめると、ビットコインのコンセンサスアルゴリズムはスロット回し。つまりPOW（プルーフオブワーク）で、ゼロをそろえた人が書き込めるという方式になってる。

おーーー。意味が分かるー。

よかった。今度は、ブロックチェーンがどうやって、色んな分野で使われていくのかの話をするよ。

第2章
ブロックチェーンの今

ビットコイン2.0　仮想通貨イーサリアム

❖ ブロックチェーン技術の3つの特徴

さて、今までブロックチェーンの技術を説明してきたけど、要するにブロックチェーンって、以下の特徴がある技術だってことね。

> 1、改ざんが非常に困難で台帳を書き換えられない。
> 2、みんなで台帳を維持してるから中央管理者がいない。
> 3、ネットワークがダウンするリスクがゼロに近い。一度動いたら落ちない。ランニングコストも安い。

今までだとネットサービスは、中央管理者がいて正確性や信頼性を保証してた。
でも、これは同時にデメリットもあった。
それは「中央管理者が全てを支配できる」ってことだよ。

例えば選挙。もし不正選挙があったとしても中央管理者が「不正なんてあり得ません」といえば、「はい、そうですか……」と引き下がらざるを得なかった。
だって、中央管理者以外はデータを持ってないんだもの。

それは銀行や、SNSとか、オークションサイトも同じ。
管理者以外にデータを持ってないから他の人は不正追及のしようがないよね。管理者が好き勝手にできるということだよ。

でも、ブロックチェーンになると、みんなが同じデータを持って相互監視してるから誰も好き勝手できない。

つまりブロックチェーンを使ってサービスをやると、中間業者がいらなくなるってことだよ。

❖ ブロックチェーンの次の段階　ブロックチェーン2.0

ねぇねぇ。ビットコインのほかに、イーサリアムってよく聞くんだけど、これは何？

イーサリアムは現在、時価総額で２位の仮想通貨だよ。ビットコインはサトシ・ナカモトさんが作ったけど、イーサリアムはヴィタリック・ブテリンさんというロシア人の青年が作ったよ。

ヴィタリック・ブテリン氏

ブテリンさんは、なんと弱冠23歳（2017年現在）のお兄ちゃんで、見た目はガリガリの人だけど、天才ハッカーなんだよね。

イーサリアムは、ビットコインと違って、通貨だけじゃなくてそのブロックチェーン上にあらゆるタイプの契約を載せられるんだよ。

これを**スマートコントラクト（賢い契約）**と言うんだよ。

で、現在、イーサリアム上で動くアプリケーションは、すでに700以上ある。

スマートコントラクト？　どこかで聞いたような…。

ははは。何回でも説明するよ。スマートコントラクトというのは、要するにブロックに通貨の取引だけじゃなくて、プログラムを書けるようになってるってことね。

プログラムっていうのは、if（もし～～なら）done（～～を実行する）という、「ある条件を満たしたら自動的にあることを実行して」っていう命令が書けるってことなんだ。

例えば「ある条件が整ったら誰かさんにいくら支払う」とか。
よくたとえに出されるのが、自動販売機だよね。

お金を入れる→ボタンを押す→ジュースが出てくる、っていうプログラムが自動で実行されている。合ってる？

うん、合ってる。この動きって「契約」と言いかえることができるんだよ。
自動販売機って、あらかじめ契約が決まってる。そして契約は途中で変えられない。
もし、その契約が嫌なら、最初からお金を入れなきゃいいだけだか

らね。

ボタンを押したらジュースが出てくるって条件をあらかじめ知って、お金を入れて契約を実行する。で、途中でそれを変えようと思う人はいない。

それと同じで、最初に条件を書いといて誰も後から改ざんできず、条件が満たされたら自動で分け前が分配されるという命令を最初に書いておく。

例えば「明日の天気を予想して当たったら２倍の払い戻し。外れたら賭け金没収」という賭け事の契約を書いておく。
このスマートコントラクトに太郎君は参加する？

うーん。明日の天気を当てるだけなら簡単だから参加するかも？

もし参加したら、太郎君は後から「参加してない」と言い逃れはできない。
明日の天気が判明して外れなら賭け金没収、当たりなら倍の配当。これだけだよ。

これは公平なシステムだよね。
普通、契約って言えば、契約書を作って印鑑を押して公的機関で証明してもらうとか。
でも、ブロックチェーン上で契約を作れば公的機関なんて必要ない。

> おーい。みんな！　僕はこういう条件で契約したぞ。

と全員にブロードキャストするんだから、全員が証明者なんだ。
全員が確認して契約内容を台帳に載せるんだから、後から言い逃れもできない。

今まで説明してきたビットコインは「通貨の契約」だけだった。
それをブロックチェーン1.0と呼ぶなら、**通貨以外の様々な契約を載せられるイーサリアムをブロックチェーン2.0と呼ぶ人もいる。**

そしてブロックチェーン上には契約データの他にも、実は、音楽ファイル、画像ファイル、特許、設計書など、色んなものを載せられるんだよ。
載せたものは、改ざんできないし、所有者は署名で一意に決められるし、同時にみんなが所有をしてくれる。

ブロックチェーン上に載せたデータを総称して、「スマートな資産」ということで、スマートプロパティって呼んだりもするんだ。
ブロックチェーン上に載せた契約はスマートコントラクト、資産を載せるとスマートプロパティ。

なるほどー。なんでもスマートになるんだ。

❖ スマートコントラクトにはこんなものがある

で、実際にスマートな契約にはどういう例があるの？

さっき言った賭け事市場があるよ。
以下は、イーサリアム上で動くAugur（オーガー）だ。

オーガーのロゴマーク

例えば玉ちゃんは前に、インド旅行した時、インドの道端で宝くじを売ってるのを見たことがあるんだけど、

こんなの当たりくじ入ってんの？
宝くじを買っても、その購入資金は当選者に配分されないインチキ宝くじじゃないかなぁ？

ってかなり怪しんで見たものだよ。
当選くじがなくて、集めたお金は胴元が全部懐に入れてトンズラというのは、よくあることだからさ。

でも、ブロックチェーンで宝くじを管理すると、その心配はないよね。

いつどこで誰が何を購入したか。そのお金はどこへ流れたか。

全部、ブロックチェーン上に記録されるから不正のしようがないんだよ。

> おーいみんな！　玉ちゃんは今日100円払って宝くじ1枚買ったよ！

それがみんなにシェアされるから、胴元は不正のしようがない。
だから公明正大な宝くじ市場ができる。

で、Augur の特徴は、

1、誰もが賭け事を作れること
2、誰もがそれに簡単に賭けることができること
3、結果を、胴元が判断せず、分散的に判断できること
4、配当が胴元を経ず自動的に実現されること

ブロックチェーンを使って宝くじをやると、胴元がいらなくなるよね。

中央で管理する胴元がいなくて、こういう条件になれば当せん金が貰えるという契約がブロックチェーン上に載ってるだけ。
ある条件に達すると自動的に分配金が支払われるようになってる。

Augur は、誰もが賭け事の「ルール」を登録できて、誰もがそれに賭けることができる。
結果を胴元が判断せずに分散的に判断できて、配当も胴元を経ずに自動的に実行される。
要は、契約（コントラクト）だけ決まっていて後は自動的に配分さ

れる賭け事ブロックチェーンだ。

スマートだろ？

そうだね。こういう賭け事市場だったら安心して賭けに参加できるよね。

ブロックチェーンを使ったサービスの数々 その1

❖ 爆発的に増えているブロックチェーンを使ったサービス

他にブロックチェーンを使ったサービスって、どういうのがあるの？

もう最近は、いっぱい出すぎてて訳が分からないぐらいだよ。

以下は、経済産業省が出してるレポートからだよ。

出典：平成27年度我が国経済社会の情報化・サービス化に係る基盤整備

金融系、コミュニケーション、コンテンツ、サプライチェーン、公共サービス。今後も、あらゆる産業で使われると予測されてるよ。経産省のデータでは今後のブロックチェーンを使ったサービスは67兆円の市場規模になると言われてるんだ。

以下は、http://startupmanagement.org/ に載ってた金融サービスにおけるブロックチェーン関連企業一覧だよ。

金融サービスにおけるブロックチェーン関連企業一覧

どわーー。多すぎて何がなんだか分かんないよ。

でしょでしょ。まだまだあるよ。
次の図は海外の Venture Scanner って会社が作ったビットコイン・ブロックチェーン企業マップ。

出典 https://www.venturescanner.com/images/infographics/bitcoin-map.pdf

続いての2つは、日本の柿澤 仁(かきざわひとし)さんというCPAの方が作ったスライド。日本のブロックチェーン関連のスタートアップ企業がよくまとめられているよ。

例えば以下は、イーサリアムベースのプロジェクトが見られるサイトだよ。

出典：http://sssslide.com/www.slideshare.net/HitoshiKakizawa

出典：http://sssslide.com/www.slideshare.net/HitoshiKakizawa

いっぱいありすぎて、全部は説明できないって分かるでしょ？

さて、次のサイトはSTATE OF THE DAPPS。DApps（ダップス）のステータスを表示するサイトだよ。

DAppsというのは後で説明するけど、イーサリアム上のアプリケーションのことだね。要するにスマートコントラクトを自動実行するアプリのこと。

出典：https://www.stateofthedapps.com/

Decentralized application（分散型アプリケーション）の略だよ。
色によってDAppsの状況が分かるよ。

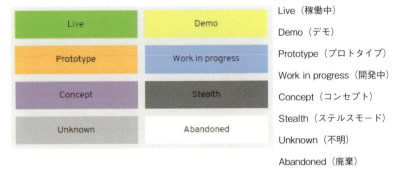

で、ここには現時点で734個のアプリケーションが登録されてるんだ。

例えば、以下のようにFundって入れて検索してみてね。Fundに関するDAppsが出てくるよ。

ほんと、色々あるなぁ。

でしょ。全部は説明しきれないから、玉ちゃんがこれは面白いっていうサービスをピックアップして説明するよ。

ブロックチェーンを使ったサービスの数々
その2

❖ 注目のスマートコントラクトアプリケーション

どうせなら、今後発展しそうなサービスが知りたいな。

分かったよ。玉ちゃん選りすぐりの、面白いなと思ってるサービスを一緒に見ていこう。

❖ 自律的分散型ファンド

まず面白いって思うのがこれ。去年2016年6月にリリースされた「THE DAO」っていうイーサリアム上のプロジェクト。

これは、**仮想通貨でやる投資ファンド**だよ。

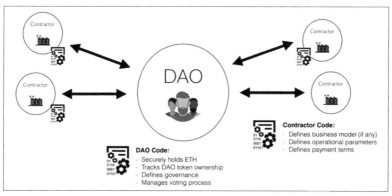

出典：https://forum.daohub.org/about.html

ハッキリ言って、今まで巷にある投資ファンドってインチキ商品が多かったよね。

例えば銀行で売ってる金融商品は、集まったお金をちゃんと投資してるかどうか確認のしようがないよね。
どこにどれだけ投資してどれだけ稼いだか。どれだけリスクある投資先に投資してるかとか。
もちろん目論見書が公開されてて「こういう投資をして稼ぎます」って説明は載ってるけど、実際どう運用されたかどうかは、調べようがない。

銀行の勧める投資信託商品は元本割れが多いことで知られてるよね。
インチキ商品が本当に多いんだよ。

ファンド運用者は、客が損しようがなんだろうが、手数料だけ儲ければいいんだから、とんでもなくリスクがある商品を売ってるよ。

例えばリーマンショックの時はほとんど値が付かないようなクズ債を集めて「トリプルA」なんて言って売ってたんだからね。
運用の報告だって適当に報告しとけばいいんだから。
インチキ商品がまかり通ってるんだよ。

で、**THE DAO は、こういうインチキ投資ファンドをなくしちゃおうっていう投資ファンド**だ。
だって、ブロックチェーンでやればインチキは防げるんだからさ。

ユーザーの多数決で投資先が決定される。
それで利益が出たら、自動的にファンドの保有量に応じて平等に利

益が分配されるんだから、中央集権じゃないファンドが作れるよ。つまりファンドマネージャーがいない投資ファンドが作れる。自律的で民主的で胴元がいないファンドだよ。

で、これは今までの株や投資信託の世界にはない画期的な仕組みだったから150億円のお金が集まったよ。
ただ、このプロジェクトはハッキングされて頓挫しちゃったんだけどね。考え方としてはすごく面白い仕組みだったよ。

❖ スマートロック

そのほかに面白いのは、日本の不動産業のシノケングループがやってる**スマートロック**という仕組み。

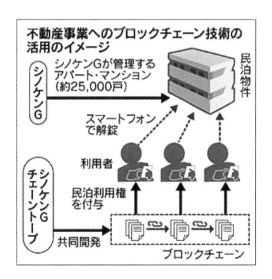

出典：https://style.nikkei.com/article/DGXLASJC04H0T_U7A700C1LX0001?channel=DF220420167277

例えばAirbnb（エアビーアンドビー）というサービスがあるでし

ょ。これは、最近よく聞く民泊のことだよ。

玉ちゃんも使ったことがあるんだけど、これって物件を貸す側の立場にすると、別荘みたいに遠いところにある物件を貸している人の場合、お客さんのために家主がわざわざその日にそこに行って鍵を開けなきゃいけない手間が発生したりして、面倒くさいんだよね。

それに、お客さんが約束の時間にチェックインできないこともあるし、他にも物理的な鍵を植木鉢の下なんかに隠して渡すのはセキュリティ的に良くないし、複製されるリスクもある。

だから鍵をスマホに送って、予約した人が自分のスマホで開けられるようにするサービスが、このスマートロックだよ。

仕組みはこう。例えば Airbnb に予約した人は、1泊1万円だったら、まず2万円を予納（デポジット）する。
その人のスマホに鍵が送られてきて、その鍵で部屋を開けられる。
宿泊後に「退出しました」と連絡すると差額の1万円が返ってくる。
こういう仕組みだと、部屋を貸す人の手間が省けるよね。

これは、さっきの投資ファンド THE DAO をやったドイツの slock.it 社がやっているスマートロックというサービスの考え方が元になってるんだ。
ブロックチェーンの良いところは、みんながデータベースを持っていて、誰が誰に払ってとか誰を泊めてっていう履歴がさかのぼれるから不正ができないところ。上手く活用されてるよね。

へー、これは便利だなぁ。

❖ スマートコインロッカー

スマートロックの考え方は、他にも色々なことに使えるよ。例えば、**駅のコインロッカー**。

スマホで申し込んで、あらかじめ1000円を振り込んでおくと鍵が送られきて、スマホで解錠して荷物を入れてロックする。1時間使ったら1時間分の料金が差し引かれて残りのお金が戻ってくる。

❖ 投票

投票もブロックチェーンを使ってできるよね。
早くも、オーストラリアのフラックスという政党は、ブロックチェーンを使った仕組みを提唱してるよ。

もう実際に、発表されてるんだね。

そうなんだ。例えば、Ａさんが投票権を貰ったらブロックチェーン上に記録されみんなにシェアされる。
誰もが、Ａさんが投票権を持ってるのが分かる。

投票日にＡさんが投票した場合、誰に投票したかが分かってみんなにシェアされる。

もしＡさんが投票しに行かなかったら、誰にも投票しなかったという記録も残るので、最終的に棄権票も含めて公正に集計できるよ。

もう、お分かりのように、不正のしようがないんだ。

これが中央管理の投票だったら、データは投票所にしか存在しないよね。だから投票所自体が不正してたら追及しようがない。
今までは、時の政権が何らかの意図で不正選挙をすれば国民はそれ以上追及ができなかった。
でもブロックチェーンなら、中央（政権）にはデータがなくて全員がデータを持ってるので不正がすぐ見つかってしまうよ。

今までにない、本当に公正な選挙だね。

❖ 小売・ネットショップ

ところで、ブロックチェーンでネットショップみたいなのをやってるところはないの？
Amazonとか楽天とかがブロックチェーンでやったら面白いよね。

そうだね。Amazonって1995年に創業した会社なんだけど、現在売り上げ高が全世界で1400億ドル（15兆円）なんだよ。ちょっと儲けすぎじゃないかって玉ちゃんは思うよ。だってよく考えればネット上で、販売者と購入者をマッチングするだけのサービスなんだからさ。

で、スマートコントラクト上には、**OpenBazaar（オープンバザール）** というヤフオクみたいなのが出てきたよ。これは、**ブロックチ**

ェーン上で販売者と購入者をマッチングする仕組み。
直接売り手と買い手がつながるから中間マージンを払う必要がない。

玉ちゃんもやってみたけど、始め方は簡単だよ。
ここのサイト　https://www.openbazaar.org/　に行って

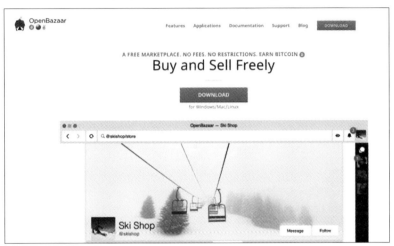

OpenBazaar　HOME 画面

OpenBazaarのクライアント（アプリ）をダウンロードしてインストールするだけだよ。そうすると自分のお店が作れるし、他の人から商品を買うこともできる。

で、サイトには「Buy and Sell Freely」って書いてあるよね。
つまり中間業者のマージンがゼロってことだよ。
これはAmazonに該当する中間業者がいないということだよ。

でもP2Pの問題は取引相手がどこの誰だか分からないってことだよね。ヤフオクの取引の時もそうだけど、ネット上の人と取引するのは正直怖いよね。だってお金を振り込んでも商品が届かなかった

りするリスクがある。

この OpenBazaar の場合、マルチシグ・エスクローという仕組み
を導入してるよ。
まず、購入者がお金を金庫に予納（デポジット）する。
その金庫は、マルチなシグ、つまり「３つの鍵」がある金庫になっ
てる。
３つの鍵のうち１つは購入者、１つは販売者、１つは仲介者がそれ
ぞれ持つ仕組み。で、３つの鍵のうち２つがそろわないと引き出せ
ないんだよ。

例えば本の売買の取引をするとするよね。まず購入者は、本の代金
をデポジットする。それで販売者が本をちゃんと届けたら、購入者
が本を受け取ったと宣言する。
そうすると販売者と購入者の２つの鍵がそろうので本の代金は販売
者に振り込まれる。

でも本が届かなかったり、破れてる場合もある。そんな時は、購入
者は仲介者にクレームを入れる。そしてクレームが認められると仲
介者と購入者の２つの鍵がそろい、デポジットは購入者に戻ってく
る。
そして本が破れてる場合に、仲介者が「それは許容範囲の破れだ」
と言えば、仲介者と販売者の鍵２つがそろって代金は販売者に払わ
れる。
逆に仲介者が「あまりにも酷い」と判断すれば、仲介者と購入者の
鍵２つで代金は購入者に戻ってくる。そういう仕組みだよ。

OpenBazaar は、こういうマルチシグの仕組みと、ヤフオクみた

いな評価システムを取り入れて信頼性を上げる仕組みなんだ。取引が増えていけばユーザー同士で評価がついていくので、評価の低い相手からは購入しなくすれば、ある程度リスクは抑えられるよね。

で、使ってみれば分かるけど、一部には違法商品の売買もされてるんだよ。

ヤフオクの場合、運営元のヤフーが商品の掲示をストップすれば規制できるけれどOpenBazaarの場合P2Pだから誰もストップをかけれない。規制ができないんだよ。

これはまぁ、自由であると同時に危険な側面もあるということだよね。

❖ 分散型リソース共有

「分散型のハードディスク」を使ったサービスも面白いよ。

これはStorjというサービスだよ。
https://storj.io/

そして、これも同じ分散型ハードディスクのsia（サイア）というサービス。
http://sia.tech/

これは今、時価総額で仮想通貨全体のうち9位になってるよ。

分散型ハードディスクとは、自分のハードディスクをブロックチェーン上で貸し借りする仕組みだよ。
最近のハードディスクは容量がいっぱいあるので、細切れにして、みんなに使っていいよとレンタルできて、その代わりレンタル代を貰えるんだ。

ハードディスクは全部暗号化されているから、ハードディスクを借りた本人しか内容は見れないことになってる。
例えば玉ちゃんのパソコンのハードディスクに誰かがエッチな画像を保存したとしても、玉ちゃんには何のデータが入っているか分からない。玉ちゃんは見られないけれども、借りた人は見られるわけね。てな具合で、みんなで空きスペースを共有しちゃおうという仕組みだよ。

Golem（ゴーレム）。これも面白いよ。
https://golem.network/

これはハードディスクじゃなくて「計算能力」の貸し借りね。

計算能力？

自分のパソコンの空いた時間、他の誰かにレンタルして報酬を貰える仕組みだよ。

パソコンって1日中つけっぱなしなのに使ってない時もあるでしょ。そういう時の余分なCPUパワー（計算能力）を、P2Pを介して誰かにレンタルするんだよ。

自分のPCを時間貸し。そんなことできるのか。

そう。で、これはお互いにGNTという仮想通貨（トークン）で取引する。
計算能力を提供してGNTを受け取る人と、GNTを支払って計算能力を借りる人のマッチングだよね。

まだ実際に仕組みは動いていないんだけど、2016年11月にICOして、販売された100億円を29分で集めたことで有名になったよ。
※ICOについては130ページ参照

す、すげー！

❖ メッセージングアプリ

Status（ステータス）　https://status.im/
これも面白い。**Statusは、要するにチャットアプリとかメッセージングアプリ**だよ。
日本ではLINEで連絡し合う人が多いよね。ただ世界的に見たユーザ数でいうとLINEは世界第7位に過ぎないんだよ。海外1位はWhatsApp。なんと9億人もの人が使ってるよ。

1位　WhatsApp（9億人）

2位　QQ（8億6000万人）

3位　Facebook Messenger（8億人）

4位　WeChat（6億5000万人）

5位　Skype（3億人）

6位　Viber（2億4900万人）

7位　LINE（2億1200万人）

8位　BBM（BlackBerry Messenger）（1億人）

9位　KakaoTalk（4800万人）

でもよく考えたら、こういうメッセージングアプリも中央集権だよね。

こういうメッセージングアプリのデータは、例えばLINEサーバー上に全部保存されてるんだよ。

基本的に管理会社ってなんだってできる立場だから、それはつまり、LINEの運営会社が億単位の人たちのメッセージを見られるってことなんだよ。

これってよく考えたら気持ち悪いことだよね。

で、そうじゃなくて暗号化されたブロックチェーンでメッセージングアプリを作ろうというプロジェクトだよ。

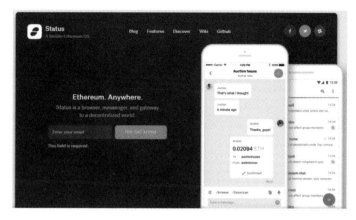

このStatusは、発表された当時、かなり話題になったんだ。ICOで9000万ドル＝約100億円以上が集まったことでも有名になったよ。

Statusは世界4位のユーザ数があるWeChatをモデルに作られたアプリだよ。
今、ベータ版がサイトからダウンロードできる。

それと面白いのは、単なるメッセージングアプリというより、色々なイーサリアムのスマートコントラクトプロジェクトをこのアプリ上で公開できる仕組みを提供しようとしてるところ。
だから**メッセージングアプリも超えて、イーサリアム用のモバイルOSみたいな仕組みを目指してる**んだね。

まだ完成はされてないけど、かなり注目を浴びてるよ。

❖ コンテンツネットワーク

STEEM（スティーム）。
https://steemit.com/
これも面白いよね。**信頼できるコンテンツネットワーク。**

これは掲示板みたいなところに、何か記事を書くでしょ。

で、その記事に誰かが「Upvote」つまりFacebookにおける「いいね」を押してくれたら、Steemというコインが貰えるんだよ。
で、「いいね」が多い方が儲かるという仕組みだよ。

そうすると、みんな良質な記事を投稿しようとするよね？
さらに、みんなSteemを貰いたいから投稿するんだけど、「いいね」する側もSteemを貰えるんだよ。

ただ、やたらめったら全部の記事に「いいね」をしても意味がなくて、みんなから「いいね」が集まった記事に「いいね」をしてた人

が多くの Steem を貰えるんだよ。

そうすると、記事を書く側はできるだけ良い記事を書こうと思うし、「いいね」する側もできるだけ良い記事に「いいね」をしようと思うよね。

そうやってお互いの自浄作用が働いて、良い記事が上に来る仕組みになってるんだよ。

そうすると、**サイト自体が良質コンテンツの集まる場所になるから、サイト自体の価値が高まって、広告とかの収益も上がる**でしょうという考え方だよ。

へー。おもろい！　投稿してこよう！

うん。玉ちゃんも投稿したことあるけど、日本のお祭り写真載せたら5ドル貰えた。で、今、この Steem のユーザー数は120万人にまで増えてるよ。

それで、Steem コインは値上がりして300億ぐらいの時価総額になってるんだよ。

ブロックチェーンを使ったサービスの数々
その3

❖ 物流

ブロックチェーンは**サプライチェーン（物流）**でも使えるよ。
例えば、スーパーで買い物した時、食材がどこから来たか分からないという問題があるよね。「もしかしたら偽装米かもしれない」とかね。

でも、ブロックチェーンの仕組みを使ったら、ビットコインと同じで、**どこの生産者が提供した食材で、誰に渡してということが数珠つなぎで記録されているので、さかのぼって証明できる。**
だから、不正ができないんだよ。

なるほど、そうやって使えるのか。

世界の小売の最大手のウォルマートが2016年10月にブロックチェーンを使って食品を供給元から販売される棚まで追跡する試みを開始したよ。
例えば、アメリカのどこかの州でサルモネラ菌に汚染された食品が見つかったら、その食品はどこで生産されたものなのか、さかのぼることができるんだよ。

もう取り組みが始まってるんだね。

そうなんだ。最近は、消費者は、その食品がどこからやってきたか、かなり分かりにくくなってるんだよ。
食料が生産者から消費者に届くまでの輸送とか、保管のプロセスがありすぎて、流通の間に入る中間業者が多すぎるんだよ。だから途中で何らかの不正が行われてても、分かりにくい。

それに、食品の廃棄問題もあるよ。
食品は全体の約3分の1が廃棄されていると言われてるけど、このたくさんあるプロセスの、どこか途中の業者が勝手に廃棄してしまっても、表には出にくいんだよ。
ブロックチェーンで流通管理できたら、どこで廃棄されてしまってるのか分かるよね。

無駄が少なくなるんだね。

❖ 環境保護

ブロックチェーンで流通を管理できたりすると、**環境保護**にも役立つよね。

環境保護？ うまく結びつかないなあ。

例えば密輸の問題。例えばアフリカ像は象牙目的で殺されてるけど、色んな流通のプロセスで不正を発見した人に金銭的な見返りを支払う仕組みができると、流通経路で不正をすることができなくなるよね。
流通プロセスがブロックチェーンで管理されて、しかも不正発見者に見返りがあれば早く通報されるよ。

例えば、象が住む地域の農家に対して、象が無事畑を通過した場合は、その農家に仮想通貨を支払うという仕組みができると、動物愛護に協力する人にインセンティブが働くよ。
そうやって金銭的なインセンティブを実現できると、動物愛護とか環境保護に役立つんだよね。

すごい。それ絶対やろう。
みんなで監視し合うと、悪さができないものね。

❖ クラウドソーシング

ネット上で仕事を発注したい人と受注したい人のマッチングサービス。
日本では「クラウドワークス」とか「ランサーズ」とかがあるよね。

> クラウドワークス　https://crowdworks.jp
> ランサーズ　http://www.lancers.jp/

それのブロックチェーン版だよ。

誰が発注して、誰が受注してという記録がブロックチェーン上に残るので、不正ができなくなるよ。

例えば以下の Colony（コロニー）(https://colony.io/) というプロジェクト。
決済を Colony の独自トークンでやりとりしてる。

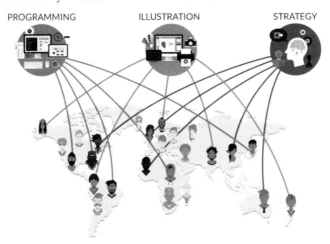

例えばある企画をこの Colony に投げるとするよ。
そうしたらプログラマーやデザイナーがそれに応募してコラボレーションしながらその企画を実現化できる。

つまり、みんながコラボレーションできるプラットフォームを作っちゃおうという試みだよ。

Colony の代表のジャック・デュ・ローズさんは「今までの企業は、取引コストを抑えたいという意図で存在していた。人と人とが一緒に仕事をする時、人を探したり、契約したり、その調整をしたりと、色んなコストと時間がかかる。そのために企業は人材をプールさせて契約コストを省いてた。でも、企業と同じことを Colony がブ

ロックチェーン上でやれれば、何も企業という組織体でやる必要はない。
コロニーをプラットフォームとして使って、ピラミッド型組織じゃなくてフラットな組織を作ろう」と提唱してるよ。

ぉー。そうなると働き方も変わっていくね。

そうだね。Colonyは、以下のサイトでベータ版がダウンロードできるよ。気になるならのぞいてみて。

> https://blog.colony.io/colony-beta-product-summary-2121a357d61d

このアプリは、人とかタスク、プロジェクトの管理画面があるツールになってるよ。
あるプロジェクトを登録して、それに人々が応募することができるよ。

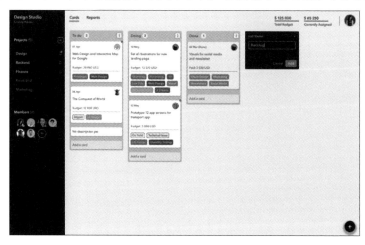

❖ 自律的分散型組織管理アプリケーション

他にはARAGON（アラゴン）が、面白いかな。
これは**自律的分散型組織のプラットフォーム**だよ。

漢字多い！　意味がよく分からない日本語だなあ。

ははは。じゃ、説明してくよ。
とりあえず、玉ちゃんは一番これに注目してる。
https://aragon.one/

サイトでアプリをダウンロードできるよ。
ARAGONのサイトにはDAOの作成と管理のためのプラットフォームと書いてある。

DAOってなに？

DAOは、Decentralized Autonomous Organizationの頭文字だよ。
前に載せた、投資ファンドのTHE DAOとは別物ね。
Decentralized（分権的）でAutonomous（自主的、自律的に動

く）な Organization（組織）という意味。

非中央集権的組織と言い換えてもいいよ。これはつまり、ブロックチェーンで作る組織のことだよ。

例えば、ビットコインは、まさに DAO だよね。

中央で管理する人がいない。

P2P でつながってるだけだから、中央のサーバーがない。

パソコンがつながってるだけで、分散されて、みんなが同じデータを持っている。

さらに、マイニングする人たちなんかは「こういう作業をやったら12.5ビットコイン（約600万）貰える」というルールがあるだけなのに、みんな自動的に働く。指揮命令系統がなくて、上司もいない。

ビットコインは、中央集権ではなくて勝手にみんなで動く仕組みなんだよ。

こういうのが進んだら会社もいらなくなるよね。

だって、会社というのは、ある意味、1つの契約に過ぎないわけだから。会社というのは、こういう働きをしたら、こういう報酬がもらえるという契約の束。

さっきの Augur（オーガー）の仕組みで言うと、自分の労働力をBet（賭け）してるということだよね。

つまり、現在の会社という組織は、胴元が経営陣で、社員は労働力を賭けて報酬を貰う、という賭け事とも言える。

でもさ、実は、胴元がウソをついているかもしれない。

なるほど。その可能性はあるよね。

いや、実際のことろ、今の世の中は胴元がかなりの利益を懐に入れていて、労働者の報酬はどんどん少なくなってるんだよ。

今、企業の内部留保（使わずに貯めておいている利益）が問題になってるよね。

本当は「ブラックだ！」なんて叩かれる会社より、大企業の方が労働者に還元する利益の割合は低いんだよ。

だいたい**世界中で見て、日本が一番、人件費にかける費用が少ない**んだからね。

ぇー。そうなんだ。

これは統計でも明らかになってる厳然とした事実だよ。
だから、例えば、ブロックチェーンでDAO組織を作ったら、利益が還元されてるかどうか、胴元が利益を独り占めしてるかどうか、それともちゃんとシェアしてるのか、分かっちゃうよね。

ARAGONはDAO管理をするためのアプリケーションを提供してる。

このアプリで、組織内の投票とか、役割分担とか、資金調達、給与計算、会計などができるようになってるよ。

要するに、ARAGONは自律的分散型組織を作るための色んな機能を提供するアプリだよね。

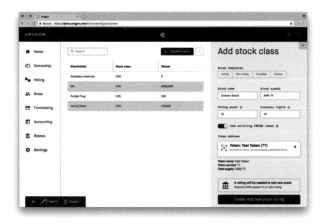

ARAGONはANTというコインを発行してるけど、玉ちゃんも応援で買ってるよ。
ARAGONネットワークは2018年後半にリリース予定になってる。

❖ 人材派遣

こう書くと文句言われそうだけど、人材業界もある意味サプライチェーン（物流）みたいなものだよね。
だって該当する人材を連れて来て現場に当てはめるんだもの。

知ってるかもしれないけど、以下のグラフ。世界の派遣会社、事業所数なんだけど、いかに日本が異常か分かるよね。日本だけ派遣会社の数が突出してるよ。

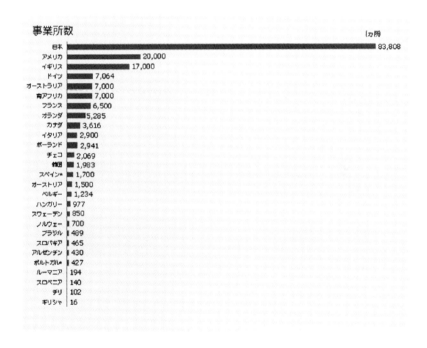

派遣労働市場	日本	アメリカ	イギリス
派遣会社数	66,690	13,910	11,500
事業所数	82,658	31,932	17,000

人材派遣ガイドブック2012 人材派遣協会参照

派遣会社の数は、アメリカのおよそ５倍。

事業所数は2.6倍。

アメリカは人口３億人で、日本は１億ちょっとなのに。

人口を派遣会社で割ると、アメリカは２万２千人に派遣会社１社、日本は1700人に派遣会社１社あることになるよ。

ちなみにコンビニの数は2500人に１店舗だよ。

ぇーー。どんだけ派遣会社が多いんだよ。
コンビニより数が多いって異常だわ。

だろ？　以下は派遣労働者の年推移グラフなんだけど、どんどん増えてるよね。

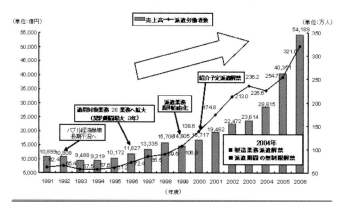

しかも、派遣法が改正されるたびに増えてるのが分かるよ。

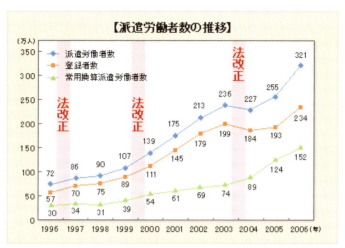

そしてこれも紹介しとくよ。以下の調査は、各派遣会社がどれだけマージンを取ってるかの調査結果だよ。

〈調査概要〉
・調査期間：2015年1月10日〜1月25日
・調査対象企業：一般社団法人　日本人材派遣協会（JASSA）の登録企業全部
・調査サンプル企業数：560社
・リストアップ事業所数：841拠点
・調査方法：インターネットを使い該当情報の有無を各社ホームページ上で確認する

〈調査結果〉
・マージン率の公開率：19.1％
　（公開企業が107社、非公開企業が453社）
・全体平均マージン率：26.8％

- 上位下位10％を除いた中間平均マージン率：26.6％
- マージン率最大値：50.0％
  （旭化成アミダス株式会社　IT事業グループ）
- マージン率最低値：11.6％
  （株式会社インテリジェンス　九州支社）

出典：http://imogayu.blogspot.jp/2015/01/blog-post_30.html

マージン率50％ってことは、本来は時給3000円ぐらい貰ってるはずなのに、半分取られて時給1500円になってるってこと。

そもそもマージン率を公開するのはまだ良い方で、大半の人材派遣会社は公開してない。
公開率は19％程度だよ。

もっとひどいのは70％も派遣会社が抜いて、派遣社員には30％という例もあるよ。
ひどい話だよね。

原発作業員の話も、聞くと、ひどい話だよ。
東電は原発作業の業者に日当10万円払ってるのに、末端作業員は日当8千円で働いてる。
じゃあ、その間は誰が取ってるんだって話だよ。
実は、元請けから末端作業員の間に数社入ってて、6次下請けとか冗談ぽく言われてるけど本当みたいだね。

で、さっき説明をしたDAO。ブロックチェーンで派遣組織を作ったら、絶対いいよ。
ブロックチェーンで全部公明正大にやりますという派遣会社を作っ

たら、それこそ今の派遣会社が横行してる日本社会に風穴が開くよね。

それに、例えばさ、派遣社員が集まって営業を雇ってもいいよね。今までとは逆の考え方だよ。

それ、新しいね。

例えば、こういう契約（コントラクト）を作る。
「1人派遣を紹介したら、いくら報酬を貰える」ってルール。それがブロックチェーンの中に書き込まれていたら、その人は自律的に営業しに行く。

「こういうルールでやったら1ビットコイン貰える」と書かれているのであれば、誰が命令しなくても営業してくるよ。
会社というのは、別に命令する人がいなくても、報酬を貰えるルールがあれば、みんな自律的に動くんだよ。

そうなの…？

だってさ、今でも普通に、ネットワークビジネスといって、誰に頼まれもしないのに、おばちゃんがお皿売りに来るよね？　あれも自律的に動いてると言えるよ。

ブロックチェーンという、みんながデータベースを持っていて、みんなが書き込んで、みんなが見られるから不正のしようがない仕組

みがどんどん増えれば、中央集権、ピラミッドじゃない組織が生まれてくるんじゃないかな。

今までは組織を管理するために、中央が必要だった。
でも、ブロックチェーンを使えば中央がなくても管理できる。
そうなると中央が持っていた独占的な権力は、なくならざるを得ない。それに伴い末端の人々の奴隷化、人々が搾取されてるっていう状態もなくなるんじゃないかな。
将来的には、たぶんこういう組織の方が主流になってくるはずだよ。

すごいな。誰にも管理されない。自律的に動く。何だか、根本的に仕組みが変わっていく感じがするよ。

❖ ソーシャルネットワーク

後は、ソーシャルネットワークもあるよ。

これは **AKASHA（アカシャ）** というブロックチェーンを使ったソーシャルメディアだよ。

https://akasha.world/

ベータ版が上記のサイトからダウンロードできるよ。
玉ちゃんも使ってみたら、遅くて、正直まだ使えるレベルじゃないと思ったけど、考え方は面白いよね。
AKASHA は、イーサリアムネットワーク上に構築されたプロジェ

クトだよ。
Akashaってサンスクリット語で「天空」という意味の言葉なんだって。

ブロックチェーン上のSNSって何が違うんだろ？

AKASHAの特徴って「改ざんや検閲を受けない言論空間」なんだって。

当たり前だけど、Facebookとかと同じでAKASHAも自分の投稿をみんなと共有できるよ。その上でAKASHAがFacebookとかと違うのは、データはサーバじゃなくてブロックチェーン上に記録されてるってこと。
つまりコンテンツを集中管理する中央管理者がいないんだ。だから検閲とかでコンテンツが削除されたり改ざんされたりするのは不可能だよ。

これは、中国なんかのように表現の自由が規制されてるところでは需要があるよね。
だって、中央管理者がコンテンツをストップできないんだもの。

AKASHAはイーサリアムネットワーク上で作られてるので、ユーザーは自分の投稿したコンテンツをイーサリアムで販売することができるよ。
それにユーザーも「いいね」の代わりにイーサリアムを送金できる。イーサリアムは送金手数料が安いから少額決済に使いやすいよね。
つまりコンテンツの「マイクロペイメント」ができるソーシャルメディアってことかな。

アーティストの応援なんかもできそうだ。

それと、もしAKASHAが普及すると、イーサリアム上のアカウントとその人の書いたコンテンツが結びつくよね。

だからこれは、ある意味、身分証明の役割を担う機能もあるということだよ。つまり、ネット上のアイデンティティを性別とか職業、国籍等じゃなくて、その人が書いたコンテンツで識別できるようになるという考え方だよ。その人がどんな人かコンテンツで判断できるって面白いよね。

❖ 動画位置共有

VEVUE。https://www.vevue.com/
これはエンターテイメントサービスだよ。
　ある人がGoogleマップのここを撮影してくれとサイト上で依頼する。そうするとそのリクエストを見た人が、その場所を動画撮影してアップする。Googleマップではまだ撮影されてな

い場所もあるからね。

で、世界のどっかに行きたいと思っててもストリートビューが見られない場所があるでしょ？　そこを、世界中の誰かに撮影してくれと依頼するんだよ。そして、動画をアップしてくれる人に報酬としてコインが支払われる仕組み。

世界中のマップと紐づいた動画コンテンツのシェアサービスだよね。考え方が面白いと思ったよ。

❖ ソーシャルレンディング

ソーシャルレンディング、これはネット上でお互いにお金を貸し合う仕組みだよね。P2Pレンディングとも言われるよ。

ネット上でお金を借りたい人（ボロワー）とネット上でお金を貸したい人（レンダー）をマッチングするサービスだよね。

今まで個人がお金を借りるには銀行に行くしかなくて、個人が人に貸す側になることはあまりなかったよね。でも、P2Pレンディングは自分が貸す側にもなり得るってこと。

借りたい人が、「100万円貸してくれたら1年後に105万円で返します」と掲載すると、貸したい人が名乗りをあげるわけ。

へー。個人間で貸し借りをするのか。

そう。例えばレンディングクラブっていう2兆円規模のP2Pレンディングサービスがあるよ。

2007年に創業されたんだけど、最初は創業者が引っ越しをする時、引っ越し資金がなくて困ったことにヒントを得てFacebook上の友達からお金を集めることができるFacebookアプリとしてスタートしたんだ。で、その後爆発的な成長をしてる。

毎年の貸出残高は、
・2010年　202億円
・2011年　460億円
・2012年　1178億円
・2013年　3243億円
・2014年　7620億円
・2015年　1兆5982億円

と、毎年2倍以上という驚異的なスピードで成長してるよ。
今は2兆円規模になってきてるよね。

今までは、銀行が貯金者から貯金を集めて、借り手にお金を貸してた。つまり、銀行がレンダーになってボロワーに貸してるってわけだけど、この仕組みだと、銀行は貯金者の貯金を守らなきゃならないから、お金を貸す時は、「担保」とか「貸し倒れ引当金」を用意する必要があったよ。
だからコストがかかるよね。

でも、P2Pレンディングだと貯金を集めて貸してるわけじゃなく、お互いのマッチングに特化してるわけだから、担保や貸し倒れ引当金が必要なくてコストが安くなるってこと。
レンディングクラブのようなプラットフォーマーは、銀行みたいに貸し倒れリスクを背負う必要がないんだ。

だから、借り手は低い利率で借りられるし、貸し手は逆に高い利息を貰える。

ただ、もちろん借りてすぐドロンしちゃう悪い人が入ってくるから、入会時にFICOスコアで審査されるよ。

FICOスコア？

FICOスコアってのは、クレジットカードの利用履歴などで点数がつくスコアのこと。
例えばクレジットカードである買い物をして、支払い延滞しちゃったりしたら、スコアが低くなる。アメリカでは20年以上前からこのスコアが、住宅ローンの審査とかに使われているんだ。しかも最近では、就職や転居などの生活全般でも、信用を測る物差

しとして利用されるようになってるんだよ。

で、借り手はFICOスコアでAからGまで分類される。そのランクに応じた金利を提示されるわけ。逆に言うと、レンディングクラブに入会できると普通の銀行の個人ローンより利率が安く借りられるんだよ。
だから、レンディングクラブで借りた人は、他で借りたお金の返済に使う人もいるよ。

例えば、A判定を受けた借り手は8％の金利で借りられるとすると、その貸し手は1％をレンディングクラブの手数料を差し引かれて、7％が利息として受け取れるってこと。

レンディングクラブも面白いけれども、他に、今**ソフィサービス**が面白いよね。

ソフィサービス？

うん。ちょっとこれを見て。これはアメリカにある大手のレンディングサービスの貸出料の推移だよ。貸出額がどんどん増えてるのが分かるよね。このレンディングサービスの中で、3番目に来ているのが、ソフィサービス（SoFi）。

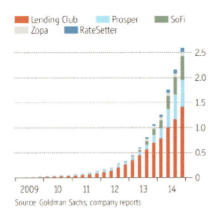

```
Lending Club https://www.lendingclub.com/
Prosper https://www.prosper.com/signin
SoFi https://www.sofi.com/
ZOPA https://www.zopa.com/
RateSetter https://www.ratesetter.com/
```

業界を破壊するようなイノベーションを起こすスタートアップ企業のことをディスラプター（破壊者）と呼ぶんだけど、去年（2016年）だったかな？　SoFiは、米国のディスラプター50の中に選ばれた会社で、**学生ローンの借り換えサービス**をしてるよ。

どこかの大学生が「お金を貸してください」とサイトに書き込む。するとどっかの誰かがその学生にお金を貸してくれる。面白いのは、その大学のOBが後輩に貸したりしてるところ。

で、P2Pレンディングはもちろんその履歴が全部残るので、もし借りた人が逃げたら、その情報はみんなに知れ渡ってもう借りられない。逆にちゃんと返した人は履歴がちゃんとしてるのでまた貸し

てもらえるんだよ。

なるほど。信用度も公開される。

こういうレンディングサービスをブロックチェーンでやろうという試みが徐々に出てきてる。まだメジャーにはなってないけど、もっと広がれば、さらに少ない利率で貸し借りできるよね。

アメリカでは30代から40代ぐらいの人をミレニアル世代というんだよ。Millennial（ミレニアル）は「千年紀の」って意味で、2000年代に成人になった世代ってこと。

彼らはネットがあって当たり前、スマホは当たり前という世代だよ。そういう人達は、銀行を通すよりFacebook等のSNSでお金が借りられるなら、そっちを使おうと考える。

ミレニアル世代に対する「銀行に行くのと歯医者に行くのならどっちを選ぶ？」というアンケートでは、7割が歯医者を選ぶという結果が出てるんだ。

なんでそんなに銀行嫌いなのさ。

リーマンショックで銀行だけ救済されたでしょ。あれでアメリカの4大銀行のブランドイメージは下位の10位に入るぐらい落ちたんだ。銀行には悪い印象しかない世

代なんだよ。

そこにきて、レンディングクラブとかソフィサービスみたいなP2Pの仕組みが個人間でどんどん広がれば、銀行は要らなくなるよね。
実際、ソーシャルレンディングは、今、海外では5.5兆円規模まで成長してきてる。2009年からは年平均成長率136%という驚異的な成長を見せている市場だよ。今後10年で100兆円〜300兆円規模になると予想されていて、市場としても運用先としても今後一番伸びる分野と言われてる。

ちなみに日本の銀行の時価総額は、三菱UFJフィナンシャル・グループが9.7兆円、みずほフィナンシャル・グループが5.2兆円、三井住友フィナンシャル・グループが6.2兆円だよ。
(2016年12月現在。出典:『ブロックチェーン革命』野口悠紀雄)

ところで、ブロックチェーンとは関係ないけど、Venmo(ヴェンモ)ってサービス知ってる?

聞いたことないなあ。

これはアメリカで流行ってるんだけど、友達同士のスマホで、お金のやりとりをするサービス。

若い人達の間では、「Please venmo me!(ヴェンモで送っといて!)」というふうに動詞として使われてるよ。
これは、SNSと送金機能を合わせたようなサービスで、今年

（2017年）は、68億ドル（約7500億円）送金されてるんだよ。

このVenmoの特徴は送金手数料が無料なこと。そして、スマホのアプリで簡単に送金できること。だからパーティの割り勘の時とか、持ち合わせがなくても、後でVenmoで払っとく、とかできるわけ。若者の間で、かなり広まってるよ。

それは便利だね。なんだか使ってみたいなー。

でしょ。で、多分なんだけど、今後は仮想通貨を借りたり貸したり、そんなふうに移行していくと思うんだ。

で、P2Pレンディングも、今のところドルを貸し借りしてるんだけど、これからは仮想通貨の貸し借りに移行するはずだと玉ちゃんは思うんだよね。

で、一応ビットコインでのP2Pレンディングサービスを載せとくよ。今のところレンディングクラブとかソフィサービスの規模とは比べ物にならないぐらい流行ってないんだけどね。

KIVA
https://www.kiva.org/

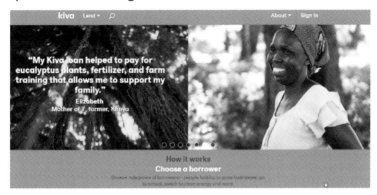

ここはビットコイン融資を始めたところ。米国のサンフランシスコの非営利団体がやってるサービスだよ。

これは要するに「マイクロファイナンス」だ。マイクロファイナンスっていうのは、めちゃくちゃこんまいお金の貸し借りのこと。金利を課すことがないから寄付という感覚でもある。

世界には、1日1ドル以下で生活している人々が12億人、2ドル以下で暮らしている人々が人口の半数と言われてる。

これじゃあ、働く意欲があるのに働けない。こういう人達はもちろん信用や担保がないなから銀行から融資なんて受けられない。だから産業が発達しないし貧困から抜け出せない。
それを何とかしようとNGOがやってるんだよ。

まだ貸出額はかなり少ないけどね。
でもビットコインの送金って送金手数料が銀行に比べてめちゃくちゃ安く済むでしょ。

だからアメリカからアフリカに小さい額を送金するのに使えるんだよね。

こういうのが流行れば、例えば「スマホでチャリーン、今日はアフリカに100円送った」とか、そういうことができると思うよ。

エジプト、ボリビア、トーゴ、ルワンダなどの人々は今、このサービスを利用したりしてるよ。

2005年設立、260名、60以上の国のユーザー、1300以上の貸し出し中で貸出量は4万ドルという規模になってるよ。

ETHLend
https://about.ethlend.io/ja/

これはまだ、始まってないサービスなんだけど、イーサリアムベースのP2Pレンディングサービスだね。

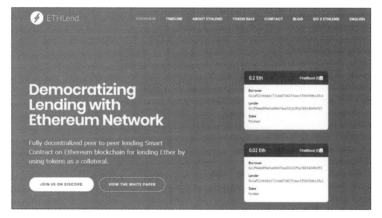

これもマイクロペイメントの考え方。どんな小さな金額でも無担保で貸し借りできる。

実は、まだどういう仕組みなのか、サイトの説明には詳しく書いてないんだけど、例えば、借りた人がお金を返さなかった場合、貸主にトークンが返金される仕組みになってるようなんだ。ここが面白い。

多分、こういうP2Pレンディングサービスは今後どんどん増えてくはずだよね。

IPO じゃなくて ICO

❖ ICOとは

最近、経済ニュース見てて、ICO（アイシーオー）って聞くようになってきたんだけど、これって何のこと？

ICOというのはイニシャル・コイン・オファリング（Initial Coin Offering）の略だよ。
要するに、**コインを売って資金調達する方法**だよ。
ICOって最近、流行ってるんだよね。

一般的に企業が資金を調達するには株を発行するよね。
「うちの会社の株買ってくださーい」ってオファーして、色んな人に株を買ってもらう。

で、会社が成長していくと、東証とかジャスダック、マザーズとか公開されたマーケットで株を売る。
これはたとえるなら、今まで知り合いだけに売ってた株が、今度は町の市場に店を出して安いよ安いよ〜って売り出すようなもの。一般人に広く公開されたら、もっと多くの人から資金を集められるからやるんだよね。

バナナの叩き売りみたいな感じ？

えーっと。まぁそんな感じ。
元々、株は紙切れだよね。で、株を売ったら元手ゼロでお金を集められる。

で、新規株式公開のことをIPO（イニシャル・パブリック・オファリング）というよね。これは初めての一般へのオファーってこと。で、最近はコインを一般に売り出して資金調達する方法をICOっていうんだよ。IPOをもじってICOね。

なるほどー。IPOの真似なのか。

そう。そのICO、最近はバブル状態なんだよ。

去年2016年は、投資ファンドプロジェクトTEH DAOのICOが最高額の160億円ってお金を集めたよ。
今年2017年になると、さらに色んなプロジェクトがICOしていて、4月にはGnosis（グノーシス）ってプロジェクトが、開始たった10分で13億円を集めたり、6月にはイスラエルのBancor（バンコール）っていう、新たな予約暗号通貨作成を目指すプロジェクトが、ほんの3時間で167億円相当を集めたよ。

うひゃー。3時間で167億？ すげー。

そう。もう完全なバブル。しかも、最近はICOするコインがますます増えてる。
玉ちゃんの見るところ、このバブルは来年2018年まで続くよ。

以下はコインスケジュールというサイトがまとめた2016年のICOの実績だよ。

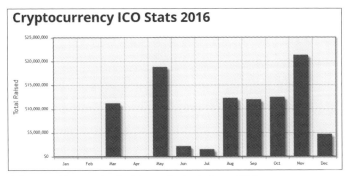

出典：https://www.coinschedule.com/stats.php?year=2016

2016年には全体で46個のプロジェクトがICOして、9638万ドル（約105億円）を集めた。

2016年の調達額のランキングは、以下だよ。
Wavesってプロジェクトが一番大きな金額の資金調達に成功したよ。
1643万ドルだから約18億円ってことだよね。

ちなみに右のランキングには投資ファンドプロジェクトのTHE DAOが含まれてないよ（168億円を集めたけどハッキングされて頓挫したから）。

続いて、2017年の実績。7月までに91個のICOがあって、全部で12億5000万ドル（約1360億円）集めたよ。

Total Raised: $96,389,917
Total Number of ICOs: 46

Top Ten ICOs of 2016

Position	Project	Total Raised
1	Waves	$16,436,095
2	Iconomi	$10,576,227
3	Golem	$8,596,000
4	SingularDTV	$7,500,000
5	Lisk	$5,700,000
6	Digix DAO	$5,500,000
7	FirstBlood	$5,500,000
8	Synereo	$4,700,000
9	Decent	$4,178,357
10	Antshares / NEO	$3,608,378

半年で、すでに前年を大幅に超えてる…。

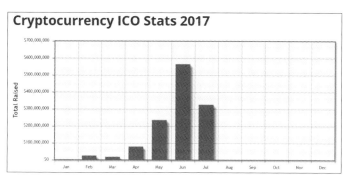

2017年のICOの中で、一番大きかった調達額はTezos（テゾス）のICOで、過去最高額の2億3200万ドル（約253億円）を集めてるよ。

Tezosは、バグやシステム修正が必要な場合にフォーク（分岐）を行わないで修正できるブロックチェーンだよ。

その当時、ビットコインが中国の問題で分裂するかもしれないと問題になってたから「分岐しない仕組みのブロックチェーン」に期待が集まったんだろうね。

次ページの図はCoinDeskというサイトが出してるICO調達額をビジュアル化したものなんだけど、Tezosが一番大きくなってるよね。

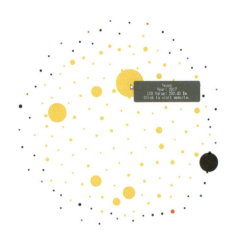

他にも大きな額を集めたICOを挙げとくと、WEB広告の中間業者を取り除くことを目的にしたBasicAttentionToken（BAT）が開始たった24秒で3500万ドル（約38億円）集めた。
ブロックチェーンでメッセージングプラットフォームを構築するStatusは9000万ドル（約100億円）集めた。
マイニング産業のUberを目指すChronoBankは540万ドル（約５億9000万円）を調達したよ。

でもさ、そんなにお金を集められるってことは、みんながコインを買いたがったってことだよね。なんでそんなにコイン買いたがるんだろ？

うーん。それは今ブームになってるからとか、将来の値上がりを期待してとか色々理由はあるんだけど。
正直、ここまで集まるのはちょっと異常だよね。

株の場合は、株の購入者はその会社の利益の配当要求権とか、経営参加権とか色んな権利が貰える。

でも、コインの場合は配当も要求できないし、経営参加（議決権）も要求できないし、会社の経営内容の開示もしてもらえるわけではないよ。
実は、正直コインを買ったところで法的には何の権利もないんだよね。それなのになぜこんなにも、みんな買ってるんだろう？　って玉ちゃんは思う。

まぁでも、今は仮想通貨はブームだから、ほぼ将来の値上がり期待かな。
将来的に値上がりすると思って、リスクがあっても投資したい人達がどんどん増えてるんだよ。だから今が、完全なバブル。

仮想通貨市場自体がどんどん伸びてるからICOやるなら今のうちだよ。

今が旬だね。

次は、暗号通貨（仮想通貨）全体の市場推移を見てみよう。

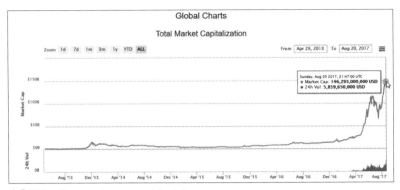

出典：https://coinmarketcap.com/charts/

仮想通貨市場全体の規模は15兆円を超えて、最高値を更新中だよ。つまり、コイン発行者（資金調達側）にとってこんな便利な資金調達法はないってことでもある。だって、株式公開をするにはアメリカの場合、米国証券取引委員会（SEC）に登録したり、上場までに色んな審査をパスする必要があるけど、ICOにはそんなの全然ないんだから。お金を集めるまでの速度が、ものすごく速い。

でも、審査がなくて誰でもどんどん公開できるってことは裏を返せば…。

そう。問題として、このブームを利用した詐欺ICOがどんどん増えてることだよね。
お金を集めたらドロンと消えるプロジェクトも増えてきてるよ。コインを買う時はかなり調べないと、詐欺コインを買う羽目になるから危ないよ。つまり玉石混淆になってきているんだよ。中国はそのせいでICO禁止にしちゃったよね。

詐欺か。もし買うならちゃんと調べないとだな。

ICO（イニシャル・コイン・オファリング）
草コインを早めに刈り取る投資法

❖ ICOを投資に使う

ICOを活用して、株みたいに儲けるって、できるの？
それ、どうやってやるの？

もちろんできるよ。最近、続々と色んなコインがICOをやってるしね。
で、**色んなコインに投資してどれかひとつが値上がりすることを狙うのをICO投資法とか草コイン投資法**って呼んでるよ。

例えば、10万円を持ってるとして1万ずつ10個のコインに投資するとするよね。
で、10個のうち9つのコインは無価値になりましたとさ。
でも、残りのひとつが暴騰して20倍になったら、10万が2倍になったってことだよね。

草コインってのは日本での言い方で、そこらへんに生えてる雑草みたいなコインってことだよ。
色んなコインに投資して、その中のひとつでも伸びるものがあれば成功という投資法。
雑草のまま終わるコインもあるし、大化けするコインもあるってことだよね。

❖ 具体的なICO投資法

ついでに、ちょっと説明すると、ICO投資法は、

```
ICOで買う→取引所で売る。
```

その差額で儲ける。ただそれだけ。
ICOで購入して、そのコインが上場したら何倍かの値がつくのでその時に売り抜けるんだよ。

以下は、最近ICOしたコインの実績だよ。上場後に1.6倍～3.3倍になってるよね。

	ICO 公募価格	上場後 価格	倍率
MobileGO 60億円を調達	60円	194円	3.3倍
STORJ 33億円を調達	55円	97円	1.7倍
Status 110億円を調達	4円	7円	1.7倍
TenX 70億円を調達	71円	156円	2.2倍
EOS 87億円を調達	95円	155円	1.6倍

ICO中のコインや今後ICOするコインの一覧が見られるサイトは結構な数あるよ。
ICOカレンダーが載ってる色んなサイトを載せとくよ。

(☆をつけたのはオススメのサイト)

☆ CoinSchedule
https://www.coinschedule.com/

☆ Smith + Crown
https://www.smithandcrown.com/

☆ ICO Tracker
https://icotracker.net/

☆ ICOrating
http://icorating.com/

☆ TokenMarket　ICOcalendar
https://tokenmarket.net/ico-calendar

日本仮想通貨研究所
http://japanvirtualmoney-lab.com/ico/

THE COINTELEGRAPH ICO Calendar
https://cointelegraph.com/ico-calendar

Ultimate ICO Calendar
https://github.com/Scanate/UltimateICOCalendar

ICO COUNTDOWN.COM
https://www.icocountdown.com/

ico-list.com
https://www.ico-list.com/

CoinGechko
https://www.coingecko.com/ico

全部英語サイトだけどブラウザのGoogle Chromeを使って翻訳して読むと意味はだいたい分かると思うよ。

じゃあ、今から上の☆をつけたサイトで説明するよ。

❖ おすすめICOが分かる！　☆（星）サイト

☆ CoinSchedule　　https://www.coinschedule.com/
ここでGoldって帯がついてるコインは人気のコインだよ。
このサイトでだいたい今の人気のICOが分かるよ。

☆ ICO Tracker　　https://icotracker.net/
ここでは詐欺コインには「SCAM（詐欺）」って警告を載せてるよ。
最近は詐欺コインがかなり増えて来てるので、こういうサイトをチ

ェックして注意した方がいいよ。（下図赤枠）

☆ ICOrating　　http://icorating.com/
このサイトでは各 ICO を独自の基準で評価してるよ。
で、RISC-SCORE（リスクスコア）が VERY LOW だとリスクが低いってこと。IN-DEPTH RATING が STABLE というのはより深い調査がされたってこと。（下図赤枠）
Assessed Projects というのは評価済ということで、Unassessed Projects は未評価ってことだよ。
評価済でリスクが低いプロジェクトはおすすめだってことだよ。

☆ Smith + Crown　　https://www.smithandcrown.com/
このサイトも独自の観点で面白い ICO を取り上げたりしている。

☆ TokenMarket　　https://tokenmarket.net/ico-calendar
ここにも色んなコインのリストが出てくるよ。
Ongoing ICOs が今 ICO 中のコイン。
Upcoming ICOs and market events がこれから ICO が開始されるコインだよ。
Past ICOs and market events は ICO の期間が終わったコインのこと。
そして人気の出そうな ICO は、それぞれの通貨の ICO の個別ページにあるフォロワー数を確認すると分かるよ。
例えば以下の Tezos というコイン（下図赤枠）を選ぶとページ内にあるフォロワー数をチェックできる。

このコインは、フォロワー数が3156で、他のコインより多いよ。

だからこのコインは注目されてるんだなって分かる。

こういうコインを購入しておけば、もしかしたら将来伸びるかもってことだよ。

ただし、どのコインが伸びるかは、正直、当たるも八卦当たらぬも八卦、だよ。
自分で調べるなら、ツイッターなどで「ICO コイン名」と入力する。例えば Tezos だったら「ICO Tezos」と入れて検索してみてね。色んな人がそのコインに言及してるから怪しいコインの場合は分かるよ。
投資する前には、必ず自分で色々と調べてみてね。

❖ ICO購入方法

その ICO に投資したいって場合どうやって購入するの？

ICO に参加する（コインを購入する）方法はコインによって違うけど、たいていはそのプロジェクトの web サイトから購入できるよ。

通常は、まずビットコインやイーサリアムのアドレスに送金して購入するよ。

で、買ったコインはどうやって売るの？

ほとんどは、以下の取引所に上場されるのでそこで売るんだよ。

HitBTC
https://hitbtc.com/

Tidex
https://tidex.com/

Bter
https://bter.com/

EtherDelta
https://etherdelta.github.io/

LIQUI
https://liqui.io/

BITTREX
https://bittrex.com/

さっきも言ったけど、今のところICOは玉石混淆。
最近1日2コインのペースで新しいコインが発行されてて、正直どのコインが良いのかさっぱり分からない。

以下は2017年8月8日現在で1048コインも発行されてるよ。

1043	Xaucoin	XAU	?	$0.016276
1044	EggCoin	EGG	?	$0.012781
1045	PiCoin	PI	?	$0.000979
1046	CryptoBuck	BUK	?	$0.044460
1047	OperaCoin	OCN	?	$0.864310
1048	The Aladin	ADT	?	$0.000886

出典　https://coinmarketcap.com/all/views/all/

そんなにあるのか。それは多いな。

今までだとICOで買って取引所に上場された後に売れば儲かるというパターンが多かったんだけど、最近は、ICOで買った時が一番高くて取引所で公開された途端に一気に値が下がるパターンが多い。だから、一概に儲かるとは言えなくなってきてる。
それと何度も言うけど、SCAM（詐欺）コインも増えてきてるのでちゃんと調べないと危ないからね。

❖ 草コイン投資法

草コインの投資方法、これは簡単だよ。
coinmarketcapってサイト（http://coinmarketcap.com）で新しく追加されたコインをチェックするよ。

以下のページは最近、取引所に追加されたコインの一覧だよ。

http://coinmarketcap.com/new/

Name	Symbol	Added	Market Cap	Price	Circulating Supply	Volume (24h)	% 24h
Nexxus	NXX	Today	$?	$0.006380	? *	$14,369	?
Stakecoin	STCN	Today	$?	$4.09	? *	$4,321	?
Blocktix	TIX	Today	$?	$0.147530	? *	$12,120	?
NEVERDIE	NDC	Today	$?	$0.212792	? *	$43,900	?
First Bitcoin Capital	BITCF	Today	$?	$0.059770	? *	$9,532	?
Rustbits	RUSTBITS	1 day ago	$246,054	$0.010698	23,000,866 *	$1,139	30.44%
Mao Zedong	MAO	1 day ago	$15,915	$0.003058	5,203,745	$2,635	11.71%
IOU1	IOU	1 day ago	$523,401	$0.006648	78,725,319 *	$518,144	1141.69%
Centa	CTR	1 day ago	$1,129,313	$0.348692	3,238,711 *	$2,302	52.24%
Bytom	BTM	1 day ago	$44,629,055	$0.105731	422,100,000 *	$5,539,970	-5.98%
Wink	WINK	1 day ago	$?	$0.000389	? *	$8,114	39.70%
CoinDash	CDT	2 days ago	$?	$0.058251	? *	$1,424,320	22.60%

新しく追加された草コイン（仮想通貨）一覧

このサイトで **Market Cap**（上図赤枠・右上）が大きいものを選ん
でいくんだ。Market Cap = Market Capitalization、つまり**時
価総額**だよ。要するに、市場で取引されてる額がどれだけ大きいか
ということ。
時価総額が大きければ、それだけ人気があるコインということだよ
ね。

その左隣に表記されている **Added**（上図赤枠・左上）は「いつ取
引所に追加されたか」ってこと。Today は今日、1 day ago は昨
日。つまりこの図で紹介しているのは取引所に追加されたばっかり
のコインってことだね。
キャプチャーした画面を見ると **Bytom** ってコインが、昨日追加さ
れて時価総額も $44,629,055で大きいということが分かる（上図
赤枠・下）。
だから「これが人気がありそうだなぁ～」と見てみる。
そこでリンクを押すと **Bytom** の詳しい情報が出てくる。

こんなふうにしてWebsiteなどを見ればBytomがどんなコインなのか分かるよ。

で、コインが取引されてる取引所を確認する時は、**Markets**（下図赤枠）というタブを選択する。

すると取引所の一覧が出てくる。これを見ると、BTERとかBinanceって取引所で取引されてるのが分かるよね。（下図赤枠）

取引したい場合は、その取引所で口座を作ってビットコインを入金して取引すればいいよ。

ほんとに簡単だね。

こういうコインをコツコツ少額ずつ買ってどれかが上がったらめっけもの。というのが草コイン投資法だよ。

ビットコインにはこんな話があるよ。2009年にノルウェーの男性が、わずか24ドル（約2400円）分のビットコインを購入した。4年間忘れて放置した後に気づいたら、その男性のビットコインの価値はなんと数千万円に膨れ上がってた。それで家を買ったんだそう。ニュースに載ってたよね。

すげー！　そりゃみんな買いたくなるよ。

ははは。まあ夢はあるよね。
草コインをちょっとずつ買っておいて、どれかひとつが大化けするのを待つ。

ただ、当たるも八卦当たらぬも八卦って言ったけど、買ったコインを持ってたら上がるかどうかは誰にも分からない。
どこかの国で規制すると一時期ものすごく値段が下がることもあるしね。
くれぐれも自己責任でね！

ブロックチェーン上の独立国家

❖ ブロックチェーンで国家を作る?

続いてはちょっと視点を変えて、国家レベルの大きな話だよ。**ビットネーション（Bitnation）**っていうブロックチェーン上で国家を作るプロジェクト知ってる?

ぇえ？　国家？　会社じゃなくて国なの？　なんかいきなりでっかい話だなぁ。

そう。まぁ、バーチャル国家だよね。
ビットネーションってのはイーサリアム上で、実際に立ち上がったプロジェクトなんだけどね。

国がやってる機能ってさ、よく考えてみると、生まれたら出生届、死んだら死亡届、結婚したら婚姻届、土地を買ったら土地登記…、これってつまり、「何かを登録して、それを証明してくれるサービス」をやってるんだよね。

例えば、よく銀行口座とかカードの口座を作る時に、住民票とか運転免許証がいるじゃない？　それで市役所に行くと住民票を発行してくれるけど、これは「あなたは確かにここにちゃんと住んでます」という証明だよね。
これを存在証明（Proof of Existence、プルーフ・オブ・イグジスタンス）と呼ぶんだけどさ。

で、よく考えれば、そんなのブロックチェーン上でできるじゃんって始めたのが、このビットネーションってプロジェクトだよ。

例えば国がない難民とかがいるでしょ。
そういう人は戦争でその国から逃げざるを得なかったために、自分がどこの誰だか存在証明できない状態にあるよね。

そういう人って、例えば、銀行口座を開こうにもクレジットカードを作ろうにも、自分の存在証明ができないから作れないんだ。
だからそういう人に公的な証明書を発行してあげるという国があれば便利だよね。

へー。それいいね。
めっちゃ便利。うまいこと考える人もいるもんだなぁ。

❖ ブロックチェーン上で結婚?

次に紹介する2人はスペインのバスク地方のカップルだよ。
バスク地方っていうと、スペインとフランスの間にある地方で、昔から独立運動とかやってて、戦争とかテロとか色々ある地方なんだよ。

で、このカップルは、何やったと思う？
自分の国、つまりバスク地方（スペイン）でなんか結婚したくない、ネット上で結婚しちゃおう！　ってビットネーションに婚姻届を出したんだよ。
つまりビットネーション上で結婚したわけ。

ぇーーー。じゃ現実世界では結婚してないのか。進んだ結婚だなぁ。

まぁね。だいたい結婚というのは、よく考えれば国の制度上の登録に過ぎないよね。その国で結婚すると税金とか、法律上の扱いが色々変わってくるとかね。

でも、そもそも、その国で結婚したくない場合もあるし、結婚しても何のメリットもないなら、その国で結婚する意味がない。そしてブロックチェーン上で結婚できて、さらに何らかのメリットがあるんだったら、そっちを選択する人が増えても不思議じゃないよね。

❖ ビットネーションはブロックチェーン上の独立国家

ビットネーションは、今までにも難民を支援するために国籍を発行してたんだよ。それで緊急用IDとかデビットカードを発行していた。

そして2年前の2015年、北欧のエストニアという国と提携した。で、ブロックチェーンでの行政サービスを始めたんだよ。こんな本が出てる。

『未来型国家エストニアの挑戦　電子政府がひらく世界』
(2016年1月発売)
著：ラウル アリキヴィ
訳：前田 陽
刊：インプレス R&D

エストニアは、フィンランドとかスウェーデンの近くにある小さな国で、沖縄と同じぐらいの人口の国だよ。

で、その国が始めたのが、**e- エストニア（e-Estonia）**っていう**電子政府**。

電子政府？

e- レジデンシー（電子居住、e-Residency）っていう、エストニアに住んでなくても、どこの国からでも、オンライン ID を発行してくれる行政サービスだよ。

e- レジデンシーでエストニア国民になるとデジタル ID カードが貰えて、本人認証とか会社登記も海外からオンラインでできちゃう。こういうのをオープンガバメントって言うんだ。要は、どこの国の人でも住民になれるから寄っといで～っていうやつだよね。

すごい。太っ腹な国だなぁ。

いや、太っ腹というか戦略だよね。
エストニアは北欧の小さな国でほっとくと誰も来ない。
でもエストニア政府にしてみれば、世界中から国民となる人がやってきてくれて法人を立ててくれたりしたら税収が増えるんだから、メリットがあるんだね。

ビットネーションの考え方としては元々、地理的制約にとらわれない自律分散型国家を目指してたんだ。そしてエストニアと提携してまさにリアルとバーチャルが組み合わさったような国家ができあがったんだよ。

ちなみに、直近の2017年9月、エストニアは独自の仮想通貨「エストコイン」を発行するって発表したよ。
要するに**国家初のICO**をやるってことだ。これはすごい話だよ。

まさにエストニアの乱だね。
これに慌てたのか、欧州中央銀行ドラギ総裁が批判してるよね。

> **ECB総裁、エストニアの仮想通貨構想を批判**
> **ユーロが唯一の通貨**
> https://jp.reuters.com/article/ecb-bitcoin-estonia-idJPL4N1LP2E2

で、次のグラフはエストニアのe-レジデンシーの申請者数の推移なんだけど、世界中から申請が来ていて、今現在もずーっと申請者

が増え続けてる。

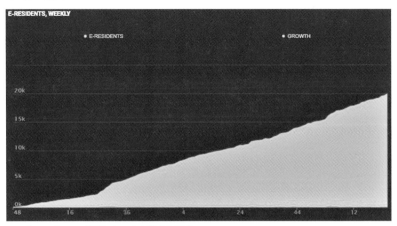

エストニアのe-レジデンシーの申請者の推移

すげー。じゃ、例えば、日本でもバーチャルな国を作ってみるとか。そんなこともできるかも。

そうだね。日本人が同じことをどっかの国の自治体と組んでやってもいいよね。ネット上の独立国家を立ち上げて世界中から国民を集めるとか。

まぁ、日本だと色々制約があるから、それこそ、どっかのパナマ辺りの無人島を買ってやってもいい気がする。
それで税金をゼロにするとか（笑）。まぁそれはそれで問題あるけどね。

とにかく、領土を持たないけど、アメリカ人も、日本人も、ヨーロッパも、アジア人も誰でも国民になれる、みたいな国家はそう遠くない将来、いくつもできるような気がするよ。

すげーー。
とりあえず手始めにエストニア国民になってみる！
オンラインとかで申請できるの？　やり方教えて！

日本からもエストニアの国籍を取ってる人はいっぱいいるよ。だって、わざわざ現地まで行かなくても、オンラインで申請できるんだからさ。

国民になるための登録手数料も100ユーロ（約1万円）だから安いよね。

ここにアクセスして必要事項を記入して申請すればいいよ。
https://apply.gov.ee/

手順はこんな感じだよ。

申請完了メールの受信

↓

申請の受付メールの受信

↓

申請の許可メールの受信

↓

カード受取日の確認メール受信

↓

カード受取希望日を返信、希望日 OK の返事

↓

エストニア大使館でカードの受取

↓

電子証明書の利用可能の通知メール受信

↓

原宿から徒歩15分のエストニア大使館を訪問

↓

担当書記官にパスポートを提示

指紋登録

e-Residency の ID カードと付属品の説明

〈もらえるもの〉

デジタル ID カード、カードリーダ、暗証番号の封書、電子証明書の利用方法の説明書

詳しくはネット上で色んな人が書いてるので参考にしてね。

日本・エストニア EU デジタルソサエティ推進協議会
http://www.jeeadis.jp/jeeadis-blog/e-residencyid

エストニア大使館で e-residency を申し込もう！　申請から
発行までの流れを紹介します。
http://tere-estonia.com/e-residency_apply

e-residency　イーレジデンシー
http://e-residency.blogspot.jp/

現地に行かなくても会社をネットで設立できるエストニアが凄
すぎる！
http://tere-estonia.com/estonia_interet_register

エストニア Estonian e レジデンス登録方法
http://xn--rhqs8g9s6b8qw.com/e-residency/

シェアリングエコノミー　未来予想図2

太郎は、他に3つのDAO組織に所属している。
まだ配当が出ていない組織もあるけれど、軌道に乗れば配当が出るだろう。

そもそも、今までのライフスタイルとして生涯労働という考えがあった。
2025年頃には、その考えは古くなった。
会社に雇用されるという考え自体も、旧時代の考え方として忘れ去られていた。

今では何らかの組織を立ち上げる。そして後は人工知能（AI）に運営を任せる。
AIに自動で組織を運営させ、軌道に乗ればベーシックインカムを得る。
そういう考えが主流になってきている。

「人間はどのようにAIを使い、働かせるのか」
AIが出始めた頃によく話題になったことだったけれど、段々とその枠組みを決めるのが人間の仕事ってことに落ち着いた。
人間のやることと言えば、集まって企画を立て、軌道に乗れば、商品の宣伝販売。つまり営業や提案が人間の主な仕事になった。
開発や生産はAIやロボットが請け負うようになってきている。

競争という考え方も古くなった。

別に贅沢なライフスタイルを追求しなければ黙っていても食べていける。

その昔は、不用な機能をこれでもかとつけた商品をよく見かけた。
でも今は、そんな商品開発の努力をしなくても組織配布のベーシックインカムがあるから、不用品を作る必要に迫られない。街に並ぶ商品数も減ってきている。
そこまで商品を作るモチベーションが湧かないからだ。

太郎の組織からは、ベーシックインカムとして地方の農園から毎日新鮮な野菜が食べ物が送付されてくる。
その支払いは組織のトークン（仮想通貨）で行われている。
太郎の組織のトークンは毎月発行されるが、利用期限が決められている3か月で価値が消滅する。

時間とともに減価する通貨なのは、インフレを抑制するためと流通速度を上げるためだ。

毎月発行されるトークンは、いわば民間のベーシックインカム制度のようなものだ。
政府は2025年現在、いまだにベーシックインカム制度は導入していない。
でも、民間がトークンの配布をして、これが民間のベーシックインカム制度として定着していた。

例えば20代から働けば、どこの組織も配当トークンを配っている。
魅力ある配当を提供しないと、そのDAOのICOには人が集まら

ないからだ。

太郎は今ではゆっくり仕事をしている。
組織の配当トークンで食べていけるのだし、今後も人工知能が発達するに従い、さらに仕事は減ってくるのだから。
人間が労働力を提供する時代は終わった。

人間の仕事は、最初の構想、理念作り、そして呼びかけ、営業、提案。

後は、自分の組織のコインの人気をどれだけ集められるか。

やはり魅力あるサービスを提供する組織のコインがどんどん人気になる。
太郎も日々、組織やコインの魅力を上げることを考えている。それを仕事にしている。

第3章
シェアリングエコノミーの衝撃

危険だよ　進む超格差社会

❖ 現在の経済状態は異常

以下は日本経済新聞に載ってた記事だよ。
世界のお金持ちランキングってあるよね。その上位8人の資産を合わせると48兆円の資産になる。
それは下位36億人分の資産と同じなんだって。
これって異常だよね。

世界の富裕層上位8人の資産、下位50％と同額　NGO報告書

【ダボス＝共同】国際非政府組織（NGO）オックスファムは16日、世界で最も裕福な8人と、世界人口のうち経済的に恵まれていない半分に当たる36億7500万人の資産額がほぼ同じだとする報告書を発表した。貧富の格差拡大は社会の分断を招き、貧困撲滅の取り組みを後退させると警告。各国政府や大企業に「人道的な経済」の確立を求めた。

報告書は、8人の資産が計4260億ドル（約48兆7千億円）に上り、世界人口73億5千万人の半分の合計額に相当すると指摘。1988年から2011年にかけ、**下位10％の収入は年平均3ドルも増えていないのに対し、上位1％は182倍になった**としている。

オックスファムは貧富拡大の一因として、大企業などが政府の規制や国際政策に影響力を及ぼす「縁故資本主義」を挙げた。**富める者の資産の3分の1は相続によるもので、43％は縁故**

主義に関係していると分析した。

発展途上国は脱税で年1千億ドルを失っているとも指摘。課税制度の是正が不可欠だと訴えた。

オックスファムは、税収拡大や軍事費削減などに取り組めば最貧困層の4分の3を救うことができると主張。「**大企業や超富裕層がいかに格差の危機をもたらしているかや、現状を変えるために何ができるかを考えるべきだ**」と強調した。

スイス東部ダボスで17日に開幕する世界経済フォーラム（WEF）の年次総会（ダボス会議）ではこの報告書を基に議論が行われる。

出典：日本経済新聞2017年1月16日記事　強調部は著者によるもの

最近、アメリカでは、お金持ちたちの間で「お金持ち同士、自分たちで勝手にやってくよ。貧乏人なんて知ったこっちゃない」って動きが出てきているよ。

アメリカのジョージア州やカリフォルニア州では、お金持ちだけが独立して市を創り始めてる。
つまり、新アパルトヘイトみたいな動きがアメリカで出てきているということだよ。

ひどい話だなぁ〜。

太郎君はビリオネアって知ってる？ アメリカではビリオネアが増えてる。

ミリオネアって大金持ちのことでしょ。

ミリオネアじゃないよ、ビリオネアだよ。
100万ドルがミリオネア。10億ドルがビリオネアね。
10億ドルというと１千億円以上の資産があるってことだよ。

どわー。1000億ってどんだけだよ。
金持ち通り越してるじゃん。

そう。それが最近アメリカでは1,810人もいて、トップ20人は昨年よりみんな年収が増えてるんだよ。
さらに、それだけいれば誰かひとりぐらい、昨年より年収が減る人がいそうなもんだけど、なんと全員が収入が増えてるんだよね。

どわー。なんでそうなるの？

それについては、あの経済学者トマ・ピケティが言ってるから紹介するよ。
ピケティは20か国の財務データを何年にもわたって調査した人だよ。
そんな人が「**すでに資産を持ってる人が、圧倒的優位**」ってことを

発表した。

> 資本を持っている人（家や土地、株などを持っている人）が
> 自分の資産を運用して得られる利益率が4〜5％。
> 資本を持ってない人たち（労働者）が、
> 商売や仕事を頑張って稼いで得られる利率が1〜2％。

資産を運用した方が儲かるという事実。その事実が最近だんだん多くの人に知られてきたんだよ。

だから、**資本主義というのはどんどん格差が開く制度**だと言える。
このことは、「r＞g」って式で、資本収益率というふうに表されてるんだ。

■「r＞g」の意味

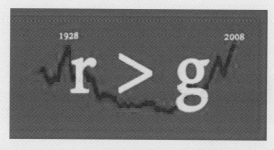

r（リターン）とは、株や不動産など、資産運用から得られる利益率のこと。
g（グロース）は、経済成長率。働いて得る、所得の伸び率とも言えます。
資本収益率が産出と所得の成長率を上回る時、資本主義は自動的に、恣意的で持続不可能な格差を生み出す。

出典 marxismocritico.com

それじゃ働くだけ損じゃん。結局、お金持ってた方が稼げるんじゃん。

そう。そういう事実を指摘したのがトマ・ピケティという人。彼の「ピケティ理論」について分かりやすく書かれた説明を紹介するよ。

【ポイント１】金持ちが、より儲かるのが資本主義
格差拡大の原因は「ｒ＞ｇ」。「資本収益率（ｒ）は、経済成長率（ｇ）より大きい」と読む。先進資本主義国で土地や株などの資産をたくさん持つ富裕層が１年間で投資から得られる収益率（ｒ）は４～５％。一方、普通に働く人が経済成長の恩恵として受け取る（ｇ）は１～２％。だから経済が順調に成長しても、富裕層はより大きな利益を得るため、格差は広がり続ける。「資本主義が発展すると一時的に格差が広がるが、やがて縮小する」という経済学の一般的な定説を覆した。

【ポイント２】20世紀の格差縮小は例外
資本主義誕生から20世紀初めまで広がった格差が1910年代から1970年代は縮小した。これは、19世紀末から20世紀にかけて各国で所得の多い人ほど税率が高い累進課税が導入され、さらに1929年の大恐慌や２度の世界大戦で富裕層の資産が減ったため。1980年代以降、米国を先頭に各国で富裕層や企業への減税が実施され、再び格差は大きくなった。

【ポイント３】格差を減らす累進課税強化へ各国協調を
では、資本主義経済のもとでより平等な社会にするにはどうしたらよいのか。格差是正に有効なのは所得や資産に対する累進

課税。ただし今のグローバル社会では、企業や富裕層は税率の低い国に逃げるため、世界各国が協力して「世界的な資本税」を導入すべきだ。

3の実現が難しいことについては、ピケティ氏自身「ユートピア的」と認めた。

出典：3分で分かる！　超やさしい「ピケティ入門」より
http://asahi.gakujo.ne.jp/common_sense/morning_paper/detail/id=1076

「r＞g」という式で言いたいことは、資産運用による利益が所得の伸びを上回れば、資産を持つ人と持たずに働く人の格差は広がるばかりということ。
例えばビル・ゲイツさんは家族旅行に51億円も使ってるよ。異常だよね。

51億！　すげーー。ちょっと節約して1億ぐらいくれないかなぁ。そういやゲイツさんは軽井沢に別荘持ってるらしいよね。

ゲイツさんの別荘は、別荘どころか要塞だよね。
なんであんな要塞を軽井沢に作るんだか不思議なんだけどさ。

それに大金持ち達は税金を払ってないよね。
イギリスのNGOの調べだと、タックスヘイブンに流れる資金は2310兆〜3520兆円だと言われてる。

※タックスヘイブン：TAX（税）HAVEN（回避地・港）。外国資本や外貨獲得のために意図的に税金を優遇（無税または低い税率とする）し、企業や富裕層の資産を誘致している国または地域のこと。日本語訳では「租税回避地」とも呼ばれる

これは天文学的な数字だよ。
タックスヘイブンは世界中にたくさんあるんだけど、その中でも日本からイギリスのケイマン諸島に租税回避した資金は74兆円と言われてる。
出典：毎日新聞2016年5月24日号「租税回避地ケイマンに投資残高急増　日本から74兆円」

74兆円ってイメージ湧かないかもしれないけど、これは日本の1年の国家税収56兆円より18兆円も多い金額なんだよ。

例えば、パナマ文書で有名になったモサック・フォンセカというパナマの法律事務所の文書が暴露されて、世界中から集まった法人が、21万4000件もタックスヘイブンで契約してたことが分かったんだ。
で、日本からは400社も契約してた。
ちなみに、タックスヘイブンのひとつであるパナマには1800社のペーパーカンパニーの私書箱があるんだよ。

❖ 日本でも広がる貧富の差の実態

日本でも、小泉・竹中改革の時代から、どんどん貧富の差が激しくなってるよ。

子供の貧困格差ではなんと世界のワースト8位まできてる。
日本の場合、貧しくて飢え死にするという"絶対的貧困層"はいないんだ。

でも数字的にみて、所得の中央値の半分を下回る"相対的貧困層"がワースト8位なんだよ。これはつまり、日本の所得格差が大きいっていう意味なんだ。

こんなふうになった背景には、2004年3月の労働者派遣法の改正で派遣対象業務が自由化されたことが大きいよね。
生活保護世帯は88万から214万まで増えてる。
そして「子ども食堂」は319か所まで増えてるんだよ。
※子ども食堂：家庭の事情で十分な食事をとれない子供に無料・安価で食事を提供する活動

また日本の場合、企業の内部留保がどんどん増えてるんだ。
安倍政権発足の2012年は300兆円だった内部留保が2016年には406兆円になってるよ。
※内部留保：企業内に貯めておかれるお金のこと

やな世の中だなぁ。こんなに貧富の差を広げて、何をやりたいんだろ。9割の人が苦しんで幸せになれない経済って変だよね。いつか弾ける気がするよ。

玉ちゃんの訴えたいこともそれだよ。だからブロックチェーンの仕組みが広がれば、こんなバカな状態から抜け出せるんじゃないかって思ってる。
この本もそういうつもりで書いたんだよ。

これに関連して、今、急速に「シェアリングサービス」というのが出てきてるんだ。太郎君、知ってる？

シェアリングサービス？

聞いたことないかな。じゃあ、次からシェアリングサービスについて、説明していくよ。

シェアリングエコノミーの衝撃

❖ シェアリングエコノミーとは

シェアリングエコノミーとかシェアリングサービスってどういうものなの？

文字通り、シェア（共有）するエコノミー（経済）、そしてサービスだよ。
今までは、消費者は企業からモノやサービスを受けてた。

一般の主婦は普通にスーパーマーケットで買い物してた。
でも、シェアリングエコノミーになると、今度は**消費者が、モノやサービスの提供側にもなり得る**ということだよ。
つまり、一般の主婦が、簡単に販売側にもなるってこと。
そうやって成り立つ経済ということだよ。

で、その間を仲介する**中間業者をプラットフォーマー**と呼ぶよ。

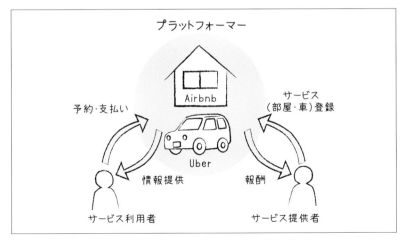

例えば、最近話題になったサービスのUber（ウーバー）とかAirbnbはプラットフォーマーだよね。聞いたことあるかな？
そしてこのUberとかAirbnbが立ち上げられた2016年が、シェアリングエコノミー元年と言われてる。

Airbnbは2008年、最初はたった3人で始めたベンチャー企業だけど、今や時価総額は300億ドル（約3兆円）だよ。日本で時価総額約3兆円の企業と言えば、三菱商事とか任天堂だよね。
Uberの方は、2009年カリフォルニアで2人の男性が、タクシーが捕まりにくいというので始めたサービスだよ。今や時価総額8兆円で、GMやフォードなんかよりも上になってる。

すごい話だなー。僕も最近、旅行先でAirbnbを使って宿に泊まったよ。

太郎君も使ってみたんだね。
大手コンサルティングファームのPwC（プライスウォーターハウスクーパース）が試算したところ、シェアリングエコノミーの市場規模は、2013年には世界で約1兆7千億円、さらに、2024年までに約37兆2千億円まで拡大すると言われてるんだ。

日本だと2017年6月に総務省の臨時閣議で「未来投資戦略2017」でシェアリングエコノミーが重点施策のひとつになった。
総務省の発表だと、2014年は233億円の規模だったのが、来年2018年には462億円まで成長するという試算が出てる。

情報通信総合研究所というところの試算だと、2016年度の市場規

模は1兆1812億円、そして潜在的な収入は2兆6323億円。
特に「空間のシェア」が6783億円、潜在的には1兆3121億円と試算されていて一番大きい。

そして去年2016年1月には、一般社団法人シェアリングエコノミー協会が設立されたんだ。その加盟社は6社から、今では190社に拡大してる。
今年2017年の6月、政府がガイドラインを作って、一定の基準を満たした事業者にシェアリングエコノミー認定マークを付与してるんだよ。

へー。行政も入って来てるんだ。

そうなんだ。2016年1月、東京都大田区では、一般住宅の空き部屋を宿泊施設として活用する「民泊」を認める条例が全国で初めて施行されたよ。
2016年5月、京丹後市丹後町では、自家用車で住民や観光客を有償運送するライドシェア（相乗り）サービスがスタートしたよ。

2016年11月には長崎県島原市、佐賀県多久市、浜松市、千葉市、秋田県湯沢市の5市が「シェアリングシティ宣言」を行ったよ。
こういう地方自治体によるシェアリングシティ宣言が相次いでるんだよ。

考えていくと、色んなこと、シェアできそうだもんな。

その通り、シェアする対象は色んなジャンルがあるよね。

で、今現在はこんなシェアリングサービスができてるよ。

出典　平成28年6月3日経済産業省商務情報政策局
http://www.meti.go.jp/committee/sankoushin/shojo/johokeizai/bunsan_senryaku_wg/pdf/004_02_00.pdf

これは日本だけで、海外ではもっといっぱいあるよ。
それこそ、ここには載せきれないほど。
というわけで、特設ブログに載せとくよ。

★ ブロックチェーン AI 研究所 ★

ブログアドレス：https://blockchain-ai.tech

閲覧パスワード：F53JGCM7TP

続いての資料は、一般社団法人シェアリングエコノミー協会が作ったものだよ。これも分かりやすいので紹介するよ。
シェアリングエコノミー協会代表理事は上田祐司氏（株式会社ガイ

アックス 代表執行役社長 CEO）だよ。

出典　http://activeictjapan.com/pdf/20160216/jimin_it-toku_document_20160216.pd

❖ こんなに出てきているシェアリングサービス

シェアリングサービスのジャンルには、今のところ以下のジャンルがあるよ。ジャンル別に、面白いと思うサービスを紹介していくね。

・移動のシェア　　・空間、スペースのシェア

・モノのシェア　　・スキルのシェア

・お金のシェア

◎移動のシェア

移動のシェアで言うと一番有名なのは、さっきも出てきた Uber だよね。これは要するに、車に乗りたい人と乗せたい人のマッチングサービスだよ。

▎UBER（ウーバー）　海外で流行りのライドシェアサービス
▎https://www.uber.com/ja-JP/

▎blablacar（ブラブラカー）　ヨーロッパのライドシェアサービス
▎https://www.blablacar.com/

▎GO RIDE（ゴー・ライド）
▎http://www.goride.jp

以上は海外発のサービス。

日本発だと、以下が有名。
　▎notteco（ノッテコ）
　▎https://notteco.jp/

マッチングサービスって、要するに相乗りサービスだね。
例えば、玉ちゃんが明日関西に行く場合。「関西に行きますよ〜」とサイトに登録するわけね。
そうすると、このサイトに登録してる他の人が「おっ。あたしも乗せて〜」と申請してくるわけ。それをサイト上で「いつ、どっからどこまで」という旅程で、両者をマッチングさせる。
例えば、「8／22に東京から愛知」で検索したら23件もヒットしたよ。

見ると、だいたい1人2千円で相乗りしたい人～っていう募集が出てくるよね。
これだと高速バスで行くより安いよね。

というわけで、こういうのを使えば別に**お金がなくたって快適に暮らせるのでは？** というのがシェアリングエコノミーだよ。
他に、自動車自体をシェアするサービスもあるね。

> Anyca（エニカ）
> https://anyca.net

このエニカは車を持ってる人が登録して、借りたい人が申請するというシステム。

結構、レンタカーでは借りられないような高級車なんかも、お手軽な価格で借りられるよ。例えば、ポルシェは1日1万5000円で借りられたりするみたい。

こういうのを利用すれば、別に彼女に自慢するために高い車を買う必要ないよね。デートの時だけ借りるとかさ。

ぉー。これいいね。使う使う。車買うと駐車場代とか維持費がバカにならないからなぁ。

他にも、車シェアは以下があるよ。

| CaFoRe（カフォレ）
| http://cafore.jp

次は、車ではなく自転車。自転車だと時間貸しサービスや団体・法人利用で借りるなんてこともできるみたいだよ。

> ドコモバイクシェアスマートシェアリング
> http://www.d-bikeshare.com

> cogoo（コグー）
> https://cogoo.jp/

> COGICOGI（コギコギ）
> http://cogicogi.jp

そしてこれは珍しい、ボートのレンタルもあるよ。こういうので船上パーティとかも良いよね。

> ankaa（アンカー）
> https://ankaa.jp

船もあるのかよ。船なんて買うと高いからなぁ。シェア利用で十分だよね。

◎スペースのシェア

スペースのシェアっていうと、まず有名なのは民泊のAirbnbだよね。太郎君も泊まってたね。これは要するに、泊めたい人と泊まりたい人のマッチングサービス。

> Airbnb
> https://www.airbnb.jp/

次は田舎・地方にも強い民泊のサイト。

STAY JAPAN（ステイジャパン）
https://stayjapan.com/

会議室なんかのスペースは「スペイシー」が有名だね。

スペイシー
http://www.spacee.co.jp/

こちらは会議室からパーティ、写真撮影等々の場所が探せるよ。

スペースマーケット
https://spacemarket.com/

パーティルーム限定だと、以下のようなサイトがあるよ。

インスタベース
https://www.instabase.jp/usages/party

駐車場はサービス数が多いよ。

akippa
http://www.akippa.com

軒先パーキング
https://parking.nokisaki.com

toppi!
https://www.repark-toppi.jp

スマートパーキング
http://smart-parking.jp

荷物の置き場所のシェアもあるよ。
これは荷物をカフェなんかに預けられるサービスだよ。
逆に、自分の場所を荷物置き場として提供してもいいよね。

> ecbo cloak（エクボクローク）
> https://cloak.ecbo.io/

> monooQ（モノオク）
> https://monooq.com/ja/

美容室をシェアっていう「AirSalon」なんていうのもあるよ。

> AirSalon
> https://airsalon.net

うひゃー。いっぱいあるなぁ！

◎モノのシェア

> ラクサス―高級ブランドバッグ使い放題のファッションシェアリング
> https://laxus.co/

これはブランドバッグのレンタルサービスなんだ。シェアじゃなくてレンタル、要するに時間貸しなんだけど、こういうのを使うと、わざわざ高いブランド物を買う必要がなくなるよね。
何か自慢したい時とか、見栄を張りたい時だけ借りるとかさ。

ブランドバッグなら、他にこちらもあるよ。

Sharel（シェアル）
https://sharel.co/

洋服もあるよ。

SUSTINA（サスティナ）
http://sustina.co

airCloset（エアークローゼット）
https://www.air-closet.com

こちらは子供のおもちゃのレンタルだよ。
子供のおもちゃって結局子供が成長するといらなくなって捨て場所に困ったりするでしょ。
だから最初からレンタルで済ましちゃおうっていう人にお勧め。

Prenta（プレンタ）
http://prenta.jp

Toysub!（トイサブ）
https://www.toysub.net

続いては、交換。登録してるユーザー間で、主に本、DVD、ゲームなんかを交換できるサービスだよ。

spirale（スピラル）
http://spirale-app.com

◎スキルのシェア
スキルのシェアもいっぱいあるよ。

最近は家事のシェアも流行ってきてる。家事代行を頼むこともでき
るし、自分が家事ヘルパーとして登録することもできるね。

家事代行 / 家政婦マッチングサイト『タスカジ』
https://taskaji.jp/

ANYTIMES：近所で、会って、助け合い
https://www.any-times.com/

Casy（カジー）
https://casy.co.jp

これはあの DVD レンタルなんかをやってる DMM が始めた家事
代行サービスだよ。

DMM Okan（DMM オカン）
https://okan.dmm.com

育児関連でみると、ベビーシッターがある。もちろん、自分がベビ
ーシッターとして登録することもできるよ。

KIDS LINE（キッズライン）
https://kidsline.me

他に、子育てシェアっていうサイトもあるよ。

アズママ
http://asmama.jp

これは子供の送迎や託児をシェアするサイトだね。
子供の送迎をやってくれる人を探すとか、逆に送迎できますよとか。
しかも、ネット上で、近くに住んでる人で助け合える人を探せる仕

組みになってる。
こういうのがあればわざわざ有料でベビーシッターを頼まなくても済むよね。

で、スキルのシェア。これは色んな人が、自分のできる得意分野を登録して、誰かが依頼するというサイトだよ。
有名なのは「タイムチケット」。すでに6万5千人が登録してる。
ここでは、色んなスキルのある人に相談などができるよ。

> TIME TICHET（タイムチケット）
> https://www.timeticket.jp/items/

これもたくさんのスキルのある人が登録してて、それに対する依頼とマッチングしてるサイトだよ。

> ココナラ
> https://coconala.com/

こちらは、分野の教師と生徒のマッチングサイトだよ。

> ストリートアカデミー
> https://www.street-academy.com

そして、玉ちゃんが面白いと思ったのがこれだよ。
個人の転職相談。ある人を紹介して転職させたら成功報酬として年収の５％が貰えるというサービス。個人間の転職紹介サイトだよね。
▍SCOUTER（スカウター）
　https://service.scouter.co.jp/

なんだかいっぱいあるんだね。全然知らんかったわ。
こういうの利用すればお金がそれほどなくてもいろいろ楽しめるよね。

そうだよ。

基本的に、物資が足りない。
時間が足りない。
お金が足りない。
忙しい忙しい。
そう思ってしまうのは、お互いに分断されてるからだよね。

だいたい昭和の時代は、近所の子も一緒くたに面倒見てた時期があって、他のお母さんが自分の子供の面倒も見てくれたりもしたから、時間なんてたっぷりあった。

介護だって本来は大家族で暮らせばそこまで辛くない。
分断されるから、辛くなるんだよ。
昭和の時代は、知らないうちに、よその子が夕飯を一緒に食べてたりとかがあった。
そういうユルさが、現代社会には一切なくなったよね。

分断すればするほど、お金が足りなくなる。時間が足りなくなる。
でも、またみんながひっつけば、本当は怖いものはないんだよ。

シェアリングエコノミーと言ったって、実は元の社会に戻るだけな
んだ。

シェアリングエコノミーのその先
ブロックチェーンエコノミー

❖ プラットフォーマー×シェアリングエコノミーの限界

これまで、シェアリングエコノミーの色々なサービスを見てきたけど、実は、ネット上のサービスって、ある意味すべてがマッチングサービスだよね。
例えば、ネット証券も出会い系サイトも、マッチングサービスって言える。

ただし、マッチングサービスには良い面だけじゃなく、問題点もあるよ。例えば、さっき挙げたAirbnbは、泊まりたい人と泊めたい人とのマッチングサービスだけど、利用者が増えると、管理する項目も増えてきちゃう。

金銭のやりとりをプラットフォーマーであるAirbnb自体がやってるから、これだけでも大変だ。
それに加えて、予約管理やクレーム管理等々。
サービスの参加人数が増えれば、それに伴って、プラットフォーマーの仕事も増えていく。

他に流行っているUberも、利用者が増えるほど、実は色々なトラブルが増えてきてるんだよ。

うん、確かに。利用する側としても、多少の怖さがあるなあと思ったよ。

実際に、Uberでは、客とドライバーのいさかい、金銭面や安全面で不安になるようなトラブルの事例が増えてる。

これは結局、プラットフォーマーの仕事が増えていってるんだ。そのためにプラットフォーマーのマージンも増えていかざるを得ないよ。

Uberの2017年4月から6月までの最新データだと、利用件数は前年同月比150％で、売上高は17％増加してる。

でもドライバーへの報酬とか経費を差し引いた利益は6億4500万ドルのマイナス。赤字幅は徐々に縮小してるけど、実は3か月ごとに700億円もの赤字を生み出し続けてるんだよ。

そうなのかー。それは厳しいな。

❖ ブロックチェーン×シェアリングサービスという未来

でも、それをもしブロックチェーンでやれば、プラットフォーマーに手数料も支払わなくて済むよね。

そっか。中間業者がいらない仕組みだもんね。

そう。すべてのサービスが売り手と買い手のマッチングサービスだと考えると、その間をブロックチェーンでやれば手数料は劇的に安く済むよ。

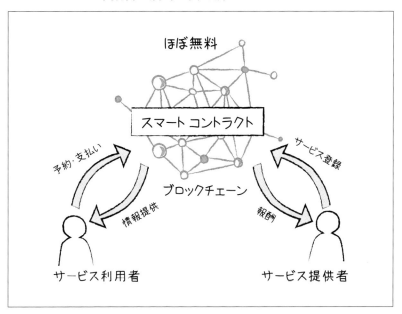

ブロックチェーンを使うと、すべては自動実行されるから、現在のプラットフォーマーみたいに、そこまで仕事が増えずに経費を縮小できる可能性がある。
つまり、もっと効率良いシェアができる可能性があるんだよ。

Airbnbは2016年にビットコインベースのマイクロ決済の会社ChangeCoinを買収したよ。
もしかしたら今後、Airbnbはブロックチェーンで何らかのサービスを提供するかもしれないね。

それに、Uberに似たサービスをブロックチェーンでやるプロジェクトも、できつつあるんだよ。

❖ 自分たちの経済圏を作ろう

じゃあここで、シェアリングサービスをブロックチェーンでやるメリットを考えてみよう。

契約が自動で実行される？

そうだね。さっきも言ったように自動実行のおかげで、中間のプラットフォーマーの手間が少なくなると、それでコストが下がるよね。

で、実はもうひとつあるよ。なんだと思う？

仮想通貨が使えること…？

そう！
そして、それだけじゃないんだよ。さらにその先があるんだ。

もうちょっと考えてみよう。
現在のネット上のサービスは、まだそのやりとりに日本円だとか、ドルだとか、法定通貨を使ってるよね？

でもそれが、そのサイト独自の仮想通貨を使ったらどうなると思う？

ん？　えーっと。よく分からないなあ。どうなるの？

それは、**そのサイトが独立経済圏になる**ってことなんだ。

そしてこれは、そのサイト上で、やりとりが増えれば増えるほど、その仮想通貨の価値が上がるってことでもあるんだよ。
例えば、メルカリという日本で有名なフリーマーケットアプリがあるよね。

仮に、メルカリがある時期、「メルカリコイン」というコインを発行したとする。

実際、ICOでメルカリコインを発売すれば、かなりの値が付くと思うよ。だってメルカリのユーザー数は日本で３千万人、米国で１千万人だもの。

で、メルカリのユーザー数が増えれば増えるほど、出品数が増えるほど、メルカリ自体の価値は上がっていくよね？　だって、メルカリで買える商品数が増えるんだもの。

そしてそんな人気も高まったある日、メルカリが「法定通貨は受け付けません。メルカリコインだけで売買を受け付けます」と宣言したら、どうなると思う？

宣言したとたん、日本円と切り離された独立経済圏を作れるんだ。

こうやって、色んなシェアリングサービスが自分たち独自のコインでやりとりできるってことは、そこが独立した経済圏になるってことなんだよ。この意味分かる？

意味は分かるけど…、独立経済圏になるとどんなメリットがあるのさ。なんか面倒なだけじゃない？

いやいや。これは「法定通貨の影響を排することができる」ってことなんだよ。
例えば、世間では、インフレやデフレになったとしても、メルカリの中だけは別になるんだよ。

だって、メルカリの中が景気が良ければ、法定通貨に対するメルカリコインの値段がどんどん上がっていくんだから。

つまり、**世間と独立して景気を作り出すことができる**ってことだよ。これは大きいよ。

うーん。分かったような、分からないような…。
そのすごさ、ちょっとうまく想像できないな。

そうか、じゃあ、独立経済圏を作る意味については、もっと詳しく説明するよ。
（第5章＆特別編に続く）

第4章
独自通貨を作ってみよう！
プログラミング入門

ビットコインを Hack（ハック）して
独自通貨を作ろう

❖ 自分で作れる仮想通貨

ねぇねぇ。話聞いてたら、自分でも仮想通貨を作りたくなってきたよ。自分でも作れるの？

まぁ、プログラムの知識がある人なら結構簡単に作れるよ。

僕もコインを作って一儲けしたいんだけど。

はははは。いいね。まぁ、このブームに乗っかって太郎君も太郎コインなんて発行したら儲かるかもよ。
この際、ICO しちゃおう！

独自コインを作るには、まずビットコインの Hack（ハック）から始めようか。

ビットコインはソースコードが公開（オープン）になってるんだ。
そういうのをオープンソースって言うんだ。
だからビットコインは「オープンソースプログラム」って呼ばれる。
そのソースコードをダウンロードして自分の独自の仮想通貨を作るんだよ。

この方法は割と簡単なんだけど、なぜかネットを探しても日本語での説明が全然出てないんだよね。
不思議なことに書いてる人が誰もいないんだよね。

まさか情報統制されてるんじゃない？

いや、まさかね。
日本人の誰もが仮想通貨を作れるようになって独立経済圏をポコポコたくさん作られると困るからかなぁ？　とも思うんだけど、ほんとのところ、なぜなのかは、よく分からない。

海外ではすでに1600個のコインが発行されてるのに、日本では発行数が異常に少ないんだよ。
なんでだろう？　と不思議に思ってる。これは玉ちゃんの素朴な疑問だね。

まぁ、技術的には大して難しくないので、ここで載せとくよ。
ちょっと誌面だと説明が難しいので、この本専用の特設ブログ「ブロックチェーンAI研究所」を作ったよ。リンクや動画をたくさん掲載してるよ。詳しく知りたい人は玉ちゃんのブログの動画を見てね。
最新情報もどんどん更新していくよ。

★ ブロックチェーン AI 研究所 ★

ブログアドレス：https://blockchain-ai.tech

記事：ビットコインを Hack しよう！

閲覧パスワード：F53JGCM7TP

❖ 実際のプログラミングは簡単

独自コインの発行って言っても、やることは簡単だよ。

> ネット上からビットコインのソースコードをダウンロードする。
> ↓
> ソースコードの中の bitcoin とか BIT とか、
> 名前の部分を独自コインの名前に置き換える。
> ↓
> コンパイルして実行。サーバーのポートを開けて公開。

ただこれだけだよ。

例えば太郎君が taro coin を作りたければ、ソースプログラムの中の「bitcoin」って書いてあるところを「tarocoin」に変えるだけでいいよ。
他に単位（＝ BIT）って書いてあるところを「TARO」に変えるだけとかそんな感じ。

ビットコインをコピって改ざんして独自通貨を作るだけ。
初期ブロックを作って立ち上げれば、すぐに独自の仮想通貨は作れるよ（これを fork：フォークと言う）。

みんなが独自の通貨を作らない理由は、玉ちゃんが思うに、この初期ブロックの作り方が分からないからかなぁ？　とも思う。

で、ビットコインのプログラムを書き換えるって言ったけど、ここでは、ビットコインよりちょびっと性能の良いライトコインでやっ

てみよう。

ライトコインはビットコインのソースコードを元にしてチャーリ
ー・リーさんという人が書いたコインだよ。

	ビットコイン	ライトコイン
上限枚数	2100万	8400万
アルゴリズム	SHA-256	Scrypt
ブロック時間の平均	10分	2.5分
採掘難易度再調整	2016ブロック	2016ブロック
ブロック報酬	21万ブロック毎に半減	84万ブロック毎に半減
初期報酬	50 BTC	50 LTC
作成者	ナカモト　サトシ	チャーリー・リー
公開日	2009年1月3日	2011年10月7日

ビットコインとライトコインの比較

ビットコインとライトコインの大きな違いは、ライトコインの方が
マイニング（採掘）の難易度が低いこと。
比較的労力がかからなくて一般的なパソコンのCPUで行えるんだ
よ。

それと決済スピードが速いことも特徴だよね。
ビットコインは平均的に決済が10分かかるんだけど、ライトコイ
ンはその5分の1の、約2分だ。
だからライトコインで独自通貨を作ってみよう。

❖ 1　ライトコインのソースコードを探す

で、まずやるのは、Googleで「litecoin github」って検索することだよ。
要するにライトコインのソースコードのありかを探すってこと。
そしたら以下のようなサイトが出て来るよ。

https://github.com/litecoin-project/litecoin

ここで「205 releases」ってところをクリックすると過去にリリースされたバージョンが色々出てくる。
この本の執筆当時は v0.13.2.1 が最新バージョンだよ。

最近のソースコードは、ちょっとややこしくなってるので、簡単な2014年当時の（過去の）ソースコードを改変することにしよう。

過去のバージョンにさかのぼるにはページ下の Next を押すよ。

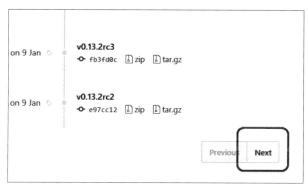

で、2014年当時のソースコード **v0.8.7.4**を例に説明するよ。
v0.8.7.4のあるページまでさかのぼって。
そしたら、まずソースコードをダウンロードする。

直リンク
https://github.com/litecoin-project/litecoin/releases/tag/v0.8.7.4

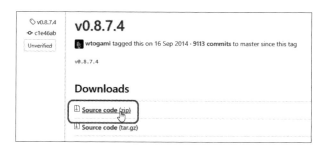

それで zip ファイルを展開するよ。

展開したらソースコードフォルダに移動してね。

❖ 2　コイン名を変更する

すべてのファイルの中でコイン名を「太郎コイン（TARO）」の名前に変更していくよ。

以下のコマンドの意味は、findってコマンドですべてのファイルを読み込んで sed というコマンドで文字列を変更してるよ（find や sed は Linux のコマンド）。

```
find./ -type f -readable -writable -exec sed -i "s/Litecoin/
Tarocoin/g" {} ;
find./ -type f -readable -writable -exec sed -i "s/litecoin/
tarocoin/g" {} ;
find./ -type f -readable -writable -exec sed -i "s/litecoind/
tarocoind/g" {} ;
find./ -type f -readable -writable -exec sed -i "s/LTC/TARO/g"
{} ;
```

❖ 3　hashGenesisBlockを変更する

修正前

```
hashGenesisBlock = uint256("0xf5ae71e26c74beacc88382716aced69c
ddf3dffff24f384e1808905e0188f68f");
```

↓

修正後

```
hashGenesisBlock = uint256("0x");
```

❖ 4　bitcoinrpc.cppファイルのport番号を変更する

bitcoinrpc.cpp ファイルの port 番号を変更するよ。

port 番号というのはサーバーの出入り口の番号のこと。自分の好きな数字に変更するよ。

変更前

```
static inline unsigned short GetDefaultRPCPort()
{
return GetBoolArg("-testnet", false) ? 19332 : 9332;
}
```

↓

変更後

とりあえず本番ポートは5888番を、testnet には5777ポートを使う設定にしてみよう。

```
static inline unsigned short GetDefaultRPCPort()
{
return GetBoolArg("-testnet", false) ? 5888 : 5777;
}
```

❖ 特設ブログはこちら！ 動画付きプログラミング講座だよ

さて、ここから後は誌面にすると長すぎるのでブログの動画で説明するよ。
以下のパスワードを入れて読んでね。

★ ブロックチェーン AI 研究所 ★
ブログアドレス：https://blockchain-ai.tech
記事：ビットコインを Hack しよう！
閲覧パスワード：F53JGCM7TP

動画で説明っていいね。
早速見てみよーっと。

イーサリアム
スマートコントラクト開発方法

❖ ブロックチェーン上で動くアプリも作っちゃおう

玉ちゃん先生！　コインだけじゃなくて、ブロックチェーン上で動くアプリも作ってみたいな。
だって、イーサリアムで今、700以上のスマートコントラクトアプリケーションが作られてるんでしょ。
僕もスマートコントラクト作りたーい！　どうやって作るの？
作り方教えて〜〜。

むむ。こういう時だけ先生かよ！　調子いいなあ。

プログラミングが分かる人なら簡単だよ。
例として、イーサリアム上でスマートコントラクトを作る方法を教えるよ。
別にイーサリアムだけじゃなくてLISK（リスク）という通貨でもできるよ。あとは中国のNEOという通貨でも作れる。
ほかにはLinux Foundationという組織がやってるHyperledger（ハイパーレジャー）というブロックチェーンでもできるよ。

でも、まぁ、今のところ多くの人はイーサリアム上でスマートコントラクトを作ってるかなぁ。
だからこの本ではイーサリアムで作る方法を説明するよ。

❖ これまでのアプリの概念と異なるところ

スマートコントラクトは、分散型アプリケーションというよ。日本語で言うと非中央集権・分散型のアプリケーションって意味。

英語では DApps と呼ぶことがある。DApps は Decentralized Applications の略ね。

今までのアプリとどう違うの？

これはブロックチェーン上で動くアプリだから、サーバー上で動いてるわけではないってところ。

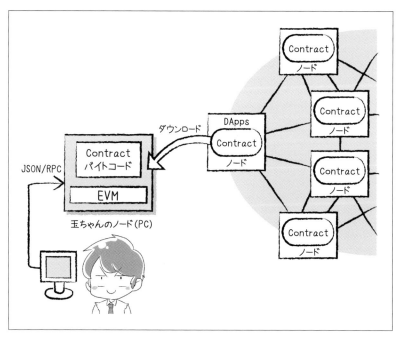

つまり、アプリはブロックチェーン上に登録されてて、例えば太郎
君がイーサリアムブロックチェーンにつなげたら、自分の PC から
ネットワーク的に一番近いノードの台帳から、アプリをダウンロー
ドする。

それで、自分の PC 上のイーサリアムクライアント上の EVM（イ
ーサリアムバーチャルマシン）上で動くんだよ。
要するにサーバー上で動くというより、自分のマシン上で動いてる
ってこと。

イーサリアム・スマートコントラクトのプログラミングは以下の手
順で進めて行くことにしよう。

❖ 開発手順

- geth 操作編
- testrpc 編
- Solidity（ブラウザーソリディティ）編
- MetaMask 編
- フレームワーク truffle 編

❖ 開発の流れ

まぁ、開発は大して難しくないよ。流れは以下のような感じ。

1 geth（ゲス）で色々ブロックチェーンを操作してみる。

> 2 いちいち何かやるたびにマイニングするのが面倒だからtestrpcというエミュレーターを入れて操作してみる。
> 3 プログラムのコンパイルはbrowser-solidity（ブラウザーソリディティ）というブラウザ上の開発環境でやる。
> 4 コンパイルしたものをtestrpcにデプロイ（アップロード）する。
> 5 デプロイする時、MetaMaskというGoogle Chromeの拡張機能でやると便利。
> 6 testrpcで成功したら、testnetブロックチェーンでテストして、最後に本番のpublicブロックチェーンに登録する。

どわー。何言ってるか、ぜんぜん分からない。

そう？
まぁ、説明聞いてれば分かるよ。

スマートコントラクトを書くプログラムは、現在、solidity（ソリディティ）という言語が主流だね。ほとんどsolidityで書かれてる。ほかの言語もあるけど、今は、ほとんど使われてない。

ちなみにこの本ではsolidityの文法がどうのって、細かいところはすっ飛ばすよ。

すっ飛ばすのかよ！

だってJavaScriptとそっくりな言語だし、JavaScript知ってればできるから。
いちいち細かい文法の説明はすっ飛ばすよ。

ネットの情報のリンクを書いとくからそっち見てね。ネットの情報の方が最新だし細かいよ。

> イーサリアム　プロジェクト　ホーム
> https://www.ethereum.org/

> イーサリアム　ホームステッド
> http://www.ethdocs.org/en/latest/

> solidityのマニュアル
> https://solidity.readthedocs.io/en/develop/

> 各種ソースコード
> https://github.com/ethereum/

後は、動画での説明をブログに載せとくから、そっちを見てね。

そして、細かいとこは他に色々参考書が出てるので読んでみてね。
あくまで、この本では大まかな「流れ」を説明するよ。

他の本を推奨する本、初めて見たわ。「流れ」の説明に徹するのか。

技術本の悪いところは、細部を細かく書きすぎて全体が分からなくなっちゃうとこ。
細部は今どき、ネットを検索したりすれば出てくる。
それにブロックチェーンの技術は現在進行中だから3か月前の情報は古くなってる。
大まかな開発の流れだけ知って、後はネットで詳細を確認した方が正確だよ。

なるほど。最新かつ細かい話はネットを見ろと。

そう。この本はブログ連動本だからブログに動画説明やコードを色々アップしておくよ。
こちらを見てね。

★ ブロックチェーンAI研究所 ★

ブログアドレス：https://blockchain-ai.tech
記事：イーサリアムスマートコントラクト開発編
閲覧パスワード：F53JGCM7TP

イーサリアムクライアント　geth 操作編

❖ geth 操作編

まずは geth（ゲス）操作編だよ。
この章では geth をインストールして、geth コマンドでイーサリアムブロックチェーンを作ってみる。そしてアカウントを作ったり、送金したり、残高確認の操作をしてみよう。

やることは

- geth のインストール
  ↓
- genesis ファイルを作成しプライベートブロックチェーン起動
  ↓
- アカウントを 2 つ作成する
  ↓
- 1 つのアカウントでマイニングしてイーサ（ETH）を掘る
  ↓
- おぉ掘れた！　イーサ残高確認！
  ↓
- そのイーサを別のアカウントに送金して残高確認

これだけだ。

geth（ゲス）というのは Go 言語で書かれた Ethereum クライア

ントのこと。

Go Ethereum だから略して G Eth → g eth ね。

geth は、イーサリアムブロックチェーンを色々と操作するための
ツールだよ。

geth を通して指示や要求を出して、サービスを受ける。さっき言
ったみたいに、アカウントを作ったり、コマンドライン上で送金し
たりマイニングしたり残高を表示させたりね。こういうツールをク
ライアントツールって言うんだよ。

まず開発環境を整えよう。

普通のノート PC でできるよ（ただし、Mac や Linux を推奨する
よ。Windows PC はインストール時にエラーが出すぎるから、面
倒臭いよ）。

とりあえず、この本では Linux で説明するよ。

動画でもインストール方法の詳細を載せとくので見てね。
では、早速インストールしてみよう。

❖ gethのインストール

Linux の人は以下のようにやってね。詳細は以下を見てね。

> https://ethereum.github.io/go-ethereum/install/#install-
> on-ubuntu-via-ppas

#リポジトリの追加

```
sudo apt-get install software-properties-common
sudo add-apt-repository -y ppa:ethereum/ethereum
```

で、アップデート。

```
sudo apt-get update
sudo apt-get install ethereum
```

これで、インストールされるよ。

❖ プライベートブロックチェーンの立ち上げ

gethのインストールが完了したら、イーサリアムブロックチェーンを立ち上げてみようか。

ちなみに流れを説明しとくと、まず操作するにはアカウントを作るよ。
ブロックチェーン上のアカウントね。で、そのアカウントから色んな操作をするわけ。

で、スマートコントラクトのプログラムを書いて、そのアカウントから登録するわけ。

で、覚えておいて欲しいのが、その時、登録料を払わなきゃならないこと。で、プログラム実行するたびにお金払うの。

お金払うのかよ。

そうだよ。だって、ブロックチェーンはサーバーがないでしょ。
例えばWEBのプログラムだったら、自分でレンタルサーバー借りてそこでプログラム公開するじゃん。
イーサリアムはサーバーがない代わりに世界中のノードに置いて貰うわけ。
だから手数料を払わにゃならないの。
その手数料のことをGas（ガス）っていうんだけどさ。

ゲスからガスを払うのか。何か、ややこしいな。

ガスというのはガソリンの意味でガスね。

まず、イーサリアムのブロックチェーンの種類を説明するよ。

で、まず最初にプライベートブロックチェーン作るでしょ。
それから、他にテストネットブロックチェーンとパブリックブロックチェーンってのがあるよ。
以下、それぞれの説明ね。

・パブリックブロックチェーン（public blockchain）
これは本番環境。実際に、全世界でイーサリアムの取引が行われてて、スマートコントラクトも動いてる。

> 実際に全世界の人がアクセスしてる稼働中の本番ブロックチェーン。

> **・テストネットブロックチェーン（testnet blockchain）**
> これはテスト用のブロックチェーン。
> ここで取引されてるのは価値ゼロのテスト用のイーサリアムだよ。
> 自分でスマートコントラクトを作ったら、いきなり本番環境にデプロイ（アップロード）する前にテストネットにデプロイして十分に検証した方がいいよ。

> **・プライベートブロックチェーン（private blockchain）**
> これは自分のPC上に作る自分だけのプライベートなブロックチェーンだよ。
> どこの誰もアクセスしてない、自分だけのブロックチェーン。
> 好き勝手にマイニングして自分だけのイーサリアムを発行できる。

分かる？
要するにパブリックブロックチェーンは本番環境。実際のイーサリアムが取引されてる本番のイーサリアムブロックチェーンだよ。

で、もし、いきなりここでプログラム作って登録してみて、バグあったらどうする？

そりゃ直して再登録するよ。

そう。また直して、お金払って、またテストしてまた直して、ってやってたら、お金がいくらあっても足りないでしょ。

だから、まず自分のプライベートブロックチェーンでテストするわけ。
それでちゃんと動いたら、次はテストネットブロックチェーンのテストイーサでテストする。
それで問題なければ本番にデプロイ（配布）するわけよ。

あーなるほど。本番環境でいきなりやったら、そりゃ損するわ。

そうだよ。それで、自分のPCの中だけのプライベートブロックチェーンを作って動かしてみるわけ。
これは自分だけのプライベートビーチみたいなものだよ。
すっ裸になっても誰からも文句は言われない。

裸って。普通にプログラム書くだけだけどな。

❖ 最初のファイルを作る

まず、genesis（ジェネシス）ファイルを作るよ。
genesis（ジェネシス）という単語の意味は"創世"という意味だよ。映画で『ターミネーター：新起動／ジェニネシス』とか『猿の惑星　創世記（ジェネシス）』とかあったで

しょ。これと同じ意味ね。

要するにチェーンでつながってる１番目、最初のブロックを作る時の設定ファイル。

自分のプライベートブロックチェーンをどんな設定にするのかっていう初期設定のことだよ。

で、genesis ファイルを指定して geth を立ち上げるの。それでプライベートブロックチェーンが立ち上がる。

まずブロックチェーンのデータを保存するディレクトリを作ろう。

太郎君のホームが /home/taro だとするとその下に data ディレクトリを作る。

```
mkdir /home/taro/data
```

ちなみにブロックチェーンの作成を間違えたりして、初期化したいならこのディレクトリを削除するだけ。

そしてもう一回やり直せばいいよ。

で、ここに genesis ファイルを入れとく。

以下のように genesis.json ファイルに記述する。

```
{
    "config": {
        "chainId": 15,
        "homesteadBlock": 0,
        "eip155Block": 0,
        "eip158Block": 0
    },
```

```
    "difficulty": "400",
    "gasLimit": "2100000",
}
```

※詳細はhttps://github.com/ethereum/go-ethereum/wiki/Private-network を参照

❖ 内容解説

用語の意味と内容をちょっと説明しとくよ。

difficulty：採掘の難しさを決めてる。数字を大きくしすぎると中々採掘されないようになってしまうから適度な数字にすること。
gasLimit：1ブロック当たりのガス（gas）消費の限度を決めとく。ガス（gas）というのは燃料のことね。どんぐらいの燃料消費まで認めるかを決めとく数字。この値を超えるとコントラクトが実行できなくなっちゃう。
※このgenesis.jsonの記述方法はバージョン1.6に対応

❖ 初期化する

データディレクトリとgenesis.jsonを指定してgethを初期化するよ。
※gethの起動時のオプション詳細は以下を参照

```
https://github.com/ethereum/go-ethereum/wiki/
Command-Line-Options
```

```
$ geth --datadir /home/taro/data/ init /home/taro/data/genesis.json
WARN [08-27|15:36:20] No etherbase set and no accounts found as default
INFO [08-27|15:36:20] Allocated cache and file handles         database=/home/taro/data/geth/chaindata cache=16 handles=16
INFO [08-27|15:36:21] Writing custom genesis block
INFO [08-27|15:36:21] Successfully wrote genesis state         database=chaindata hash=a7aac2…ba86f5
INFO [08-27|15:36:21] Allocated cache and file handles         database=/home/taro/data/geth/lightchaindata cache=16 handles=16
INFO [08-27|15:36:21] Writing custom genesis block
INFO [08-27|15:36:21] Successfully wrote genesis state         database=lightchaindata hash=a7aac2…ba86f5
```

そうすると、Successfully wrote…等々と出て初期化が成功する。

❖ コンソールを立ち上げる

そしたら以下のコマンドでコンソールを立ち上げる。

```
$geth --datadir /home/taro/data/ console
WARN [08-27|15:43:51] No etherbase set and no accounts found
```

```
as default

INFO [08-27|15:43:51] Starting peer-to-peer node

instance=Geth/v1.6.5-stable-cf87713d/linux-amd64/go1.8.1

INFO [08-27|15:43:51] Allocated cache and file handles

database=/home/taro/data//geth/chaindata cache=128

handles=1024

 :

 :

INFO [08-27|15:43:53] IPC endpoint opened: /home/taro/data/

geth.ipc


Welcome to the Geth JavaScript console!


instance: Geth/v1.6.5-stable-cf87713d/linux-amd64/go1.8.1

modules: admin:1.0 debug:1.0 eth:1.0 miner:1.0 net:1.0

personal:1.0 rpc:1.0 txpool:1.0 web3:1.0


>
```

すると、Welcome …と表示されコマンド入力待ち状態のコンソールになる。

で、ここでコマンドを入れてもいいけど、このコンソールはメッセージが表示されて、画面が崩れて見づらくなる。
だから別のターミナルを立ち上げて、以下のコマンドでもう一個のコンソールを立ち上げてそこから操作しよう。

今、立ち上げたブロックチェーンにIPC通信で接続する。こっち

の方が画面が崩れないでいい。

データディレクトリにできた geth.ipc ファイルを指定して別コンソールを立ち上げる。

```
$geth --datadir /home/taro/data/ attach ipc:/home/taro/data/
geth.ipc

Welcome to the Geth JavaScript console!

instance: Geth/v1.6.5-stable-cf87713d/linux-amd64/go1.8.1
coinbase: 0xefdadd4171d74208225ad89733bcf4489fc9b857
at block: 35 (Sun, 27 Aug 2017 15:46:13 JST)
datadir: /home/taro/data/
modules: admin:1.0 debug:1.0 eth:1.0 miner:1.0 net:1.0
personal:1.0 rpc:1.0 txpool:1.0 web3:1.0
```

で、コマンド待ち状態になった。これでブロックチェーンを操作してみよう。

ちなみにこの本では代表的なコマンドしか説明しないから、他の詳細は次のリンクを見てね。

◎ geth 上で使えるコマンド一覧
https://ethereum.gitbooks.io/frontier-guide/content/
managing_accounts.html

❖ アカウントを作る

まず、今現在、存在してるアカウントを表示してみよう。

```
>eth.accounts
[]
```

当たり前だけどアカウントは作ってないから、何も表示されないね。

さっそく newAccount コマンドで新アカウントを作ってみよう。
パスフレーズには、別になんでもいいけど "hello1" を指定していしてみた。ちなみに**パスフレーズは後で使うから忘れないこと**。

```
> personal.newAccount("hello1")
"0xefdadd4171d74208225ad89733bcf4489fc9b857"
```

0xefdad…というアドレスが表示された。
これは、「このアドレスのアカウントが作られた」ってこと。
eth.accounts コマンドで確認すると、確かにアカウントが1つできてるのが分かる。

```
>eth.accounts
["0xefdadd4171d74208225ad89733bcf4489fc9b857"]
```

もう1つアカウントを作ってみようか。
今度は "hello2" というパスフレーズにしてポチっとな。

```
> personal.newAccount("hello2")

"0x9a41dfcc397c00e60d8b1eccfd2f50204bb61b07"
```

もう１個できた。

eth.accounts コマンドで確認すると、アドレスが２つできてるね。

```
> eth.accounts

["0xefdadd4171d74208225ad89733bcf4489fc9b857", "0x9a41dfcc397c

00e60d8b1eccfd2f50204bb61b07"]
```

今のとこ２つのアカウントがある。

とりあえず、アカウントは作ったけど、お金がないとなーんにもできないのでマイニングしてみよう。

❖ マイニングする

と、その前に。掘ったイーサ（通貨単位）がどこに保存されるのか。base（基本）になるアドレスを確認する。

```
> eth.coinbase

"0xefdadd4171d74208225ad89733bcf4489fc9b857"
```

0xefdad…だから１番目のアドレスに保存されるということ。マイニングすると base（基本）アカウントに保存されるんだ。

マイニングする前に残高を確認しとこう。getBalance コマンドを使う。

```
> eth.getBalance(eth.accounts[0])
0
```

もちろん残高０だ。

ちなみに２番目のアカウント残高も確認しとこう。

```
> eth.getBalance(eth.accounts[1])
0
```

こちらも、もちろんゼロだ。

ちなみにアカウントの数え方は、１番目を accounts[0]、２番目を account[1] と表現する。

０から数えるからね。

さて、とりあえずマイニングしてイーサを掘ってみよう。

その前にブロックナンバーを確認しとこう。

```
> eth.blockNumber
0
```

マイニングしてないからまだ０個だ。

では、さっそく以下のコマンドを打ってマイニングだっ！

```
> miner.start()
Null
```

これでマイニングが開始された！

もう一方のターミナルのコンソールには以下のようにマイニング開

始しましたよ〜というメッセージがずらーっと出てくる。

```
INFO [08-27|15:45:06] Updated mining threads threads=0
INFO [08-27|15:45:06] Transaction pool price threshold updated
price=18000000000
INFO [08-27|15:45:06] Starting mining operation
INFO [08-27|15:45:06] Commit new mining work number=1 txs=0
uncles=0 elapsed=484.358μs
INFO [08-27|15:45:11] Successfully sealed new block number=1
hash=4d9259…a02129
INFO [08-27|15:45:11] ?ｲ mined potential block number=1
hash=4d9259…a02129
INFO [08-27|15:45:11] Commit new mining work number=2 txs=0
uncles=0 elapsed=462.276μs
INFO [08-27|15:45:12] Successfully sealed new block number=2
hash=f0c946…b11b07
```

以下のコマンドを打って True が出たらちゃんとマイニングがスタートしてるってこと。

```
> eth.mining
True
```

で、しばらくマイニングしといて。
それから以下のコマンドでブロック数を確認してみよう。
次の図だと35個のブロックができてるってことなんだけど、玉ちゃんのマシンでは20秒ぐらいかかった。

```
> eth.blockNumber
35
```

どれだけイーサが掘られたか確認したい時は以下のコマンド。

```
> eth.getBalance(eth.accounts[0])
175000000000000000000
```

175000000000000000000イーサ？
すげー。いっぱい掘られてるじゃん。

ちゃうちゃう。単位が違う。これは wei（ウェイ）という最小単位で表示されてる。
1 wei（ウェイ）は、0.000000000000000001 ether（イーサ）だよ。

小っさ。単位小っさ。

だから、たいしてマイニングしてないの。
ちなみにイーサリアムのイーサ（ETH）の単位はこんな感じ。

10のマイナス18乗が wei
10のマイナス6乗が szabo
10のマイナス3乗が finney

で、とりあえず少額ながらマイニングできたから、マイニングを止

めてみよう。

```
> miner.stop()
true
```

これでマイニングがストップされた。
1番目のアドレスにイーサがどれだけ貯まったか確認してみよう。

```
> eth.getBalance(eth.accounts[0])
175000000000000000000
```

175000000000000000000wei（ウェイ）貯まってた。
単位が分かりにくいのでイーサで表示してみると

```
> web3.fromWei(eth.getBalance(eth.accounts[0]),"ether")
175
```

これは「175イーサ　マイニングできた」ってこと。
ちなみに2番目のアドレスには何も入ってない。

```
> web3.fromWei(eth.getBalance(eth.accounts[1]),"ether")
0
```

それは当然で、ベースが1番目のアドレスだったから、そこに保存
されたんだ。

❖ 送金してみる

では、試しに1番目のアドレスから2番目のアドレスに送金してみよう。

送金する時は、まずはロックを外すよ。
ここでパスフレーズを忘れてたらロックは外れないよ。

```
> personal.unlockAccount(eth.accounts[0])
Unlock account 0xefdadd4171d74208225ad89733bcf4489fc9b857
Passphrase: (パスフレーズを聞いてくるのでhello1と入力)
true
```

1番目→2番目へ、試しに30イーサ送金してみる。

```
> eth.sendTransaction({from:eth.accounts[0],to:eth.
accounts[1],value:web3.toWei(30,"ether")})
"0x8603c0104d2d842f79db6e97eb862cdfeb1e75e289e1bf96647c260fdea
f2d39"
```

無事送金できたみたいだ。ちなみにここに出てくる0x8603 …はトランザクション（取引）IDのこと。

さて、送金したので2番目のアドレスの残高を確認してみよう。
ちゃんと送金されたかな？

```
> web3.fromWei(eth.getBalance(eth.accounts[1]),"ether")
0
```

ありゃ、残高0のままだよ。なんで？

実は送金コマンド打っただけじゃ何も起きないんだ。
マイニングしなきゃさ。

マイニングというのは台帳を書き換えることだよって、前に説明したよね。
クラスの台帳を書き換えるのがマイニング。送金コマンド打っただけだと一人の日記しか書き換わってないわけ。

送金コマンドは、あくまで自分のノードの台帳を変えただけであって、クラスの台帳を書き換えて、他のノードにもブロードキャストして初めて P2P につながってる皆に知れわたるわけ。
OK？

オッケー。

だから送金したらマイニングする。

```
マイニングスタート
> miner.start()
null


マイニングストップ
> miner.stop()
```

```
true
```

確認してみよう。ちゃんと送金されて残高が30イーサになってるね。

```
> web3.fromWei(eth.getBalance(eth.accounts[1]),"ether")
30
```

おぉぉ。送金された！　すげ〜！

これでとにかく、gethのコマンドで、マイニングとか送金とか、残高の確認ができたよね。

でも、よく考えれば、ブロックチェーンって何かやるたびにマイニングしなきゃならないよね。
面倒だなぁって思わない？

後で説明するけど、これからスマートコントラクトプログラムを作ってブロックチェーン上に登録するよ。でも実は、スマートコントラクトを作って登録しただけじゃ、な〜んも起きない。

マイニングしないとブロックに反映されない。
ってことは、プログラムをちょびっと書き換えるたびにマイニングしなきゃってことだよね。これ見て。

```
プログラム書いて登録する。
↓
マイニングする。
```

↓
動作テストしてバグが見つかったので修正して再登録。
↓
マイニングする。
↓
また動作テストしてバグが見つかったので修正して再登録。
↓
マイニングする。
↓
繰り返し。

うぉー。ホントに面倒くせー。何かやるたんびにマイニングやらなきゃいけないわ。

でしょ。
だから、この本では **testrpc** というエミュレーターを使うよ。

プログラム書くたびにマイニングいちいちやってたら、めちゃくちゃ時間かかる。でもエミュレーターを使えば、いちいちマイニングしなくて済む。
そのやり方を次に説明するよ。

testrpc 編

❖ エミュレーターtestrpc

testrpc というのは、Node.js 上で作られたブロックチェーンのエミュレーターだ。

Node.js?

Node.js というのは、サーバーサイド JavaScript のことね。これはフロントエンドの処理だけじゃなくてサーバー側のプログラムもをぜーんぶ JavaScript でできたら楽だなぁと思って作られたものだよ。
言わば、Apache + mod_php + Web アプリの部分が node.js になるわけ。

今まで JavaScript と言えば、画面周りの処理とかフロントエンドの処理しかできなかったけど、Node.js でサーバー側の処理も書けるようになった。

で、testrpc は Node.js の中のライブラリのひとつだよ。

❖ インストールする

testrpc を使うには、まず初めに Node.js をインストールしなきゃならない。

まず Node.js と npm をインストールする。

npm というのは node package manager の略で Node.js で作られたパッケージモジュールを管理するためのツールのこと。

```
$ sudo apt-get install -y nodejs npm
```

次に n パッケージをインストールする。

```
$ sudo npm cache clean  ←キャッシュをクリーン
$ sudo npm install n -g  ←n パッケージをインストール
```

最後に n パッケージを使って node をインストールする。

```
$ sudo n stable  ←stable バージョンの node.js をインストール
$ sudo ln -sf /usr/local/bin/node /usr/bin/node  ←リンクを張っておく
$ sudo ln -sf /usr/local/bin/npm /usr/bin/npm  ←リンクを張っておく
```

ちゃんと最新かどうか、バージョンを確認してみる。

```
$ node -v
v8.0.0


$ npm -v
5.0.0
```

これで Node.js がインストールされたので次に testrpc をインストールしてみよう。

```
$ npm install -g ethereumjs-testrpc
```

❖ 起動してみる

これで testrpc がインストールされたのでさっそく起動してみる。

```
$ testrpc
EthereumJS TestRPC v3.0.5


Available Accounts
==================
(0) 0x1cc5abc701b78791ab7dfb18981511304bac121d    ←10個のアドレスが
                                                    表示された。
(1) 0x313acad8b0e09c81295d139ce12c7ec74883e381
(2) 0x46534e5bdd90ab99d5f010a3e616a5fc31a42c7b
(3) 0x00ece58e12fa5c2ff09333019e67640c01f5d29e
(4) 0xeb41af0f27d25938a54e907d0d7427d6bd034ab3
(5) 0x6ef8dce4de77a1fad0abfb571e54eb93492857a9
(6) 0x649519441450d90ee03c5d024afd807bb902ff35
(7) 0x339cb1a80f7ee07beb996e7fea8fe2c5cfbd8ae3
(8) 0xa2bcc921a17caee7f10f3b28974ab2e461de0f76
(9) 0x1b9d261eca7f6068ecf06e683cb6506a7815ee7b


Private Keys
==================
```

```
(0) 37639dd25123b368649c7c0fc8c49983591143d8be0aa41feff6e68b60
7c67be
(1) 66146fbde3ef39a352522175417c4dc1a9ee14bedfa562e8d5bfc754b
9b47403
(2) 8939a3551fbb76dc7cf48221c860802d8d8df3b7d857b3a61c6d163007
7ac931
(3) 73552ce9699c0df28dde7c8514fc46f869a01a32a89dc768d1c5adcecd
ad03aa
(4) 8f4aaa27b7767d64fab315b8c8f697f05bf59e9ada5d5331036db03a48
3b1018
(5) ff472f3f02df6280b75c9eb6998f13533752109f682f6c5abaf2cfcd11
b1d6ec
(6) 8e9a3fd29cb3fbd3f6ce1d0df5f7637222a59559dacbfab8aefb041a3a
eb50e1
(7) d39fa95b97c97bfab477e126f0222c62aff171e3b5c183aabceb60b0dd
be19fd
(8) 53c81138d3cb503fd2a09a36a247acb297c23fd52ecf83106423c1e685
38780c
(9) 24db889c5117f94222d0f9eb255cf07f90bce51562b5d97d1f20731ae1
704c0c


HD Wallet

==================

Mnemonic: seven second broken multiply know sword affair poet
despair skull margin step
Base HD Path: m/44'/60'/0'/0/{account_index}


Listening on localhost:8545
```

ローカルマシンのポート8545で立ち上がったと出てくる。

起動されたので、もうひとつターミナルを立ち上げて geth からポート8545を指定して接続する。

```
$ geth attach rpc:http://localhost:8545
Welcome to the Geth JavaScript console!

instance: EthereumJS TestRPC/v3.0.5/ethereum-js
coinbase: 0x1cc5abc701b78791ab7dfb18981511304bac121d
at block: 0 (Mon, 28 Aug 2017 14:05:48 JST)
modules: eth:1.0 evm:1.0 net:1.0 rpc:1.0 web3:1.0

>
```

さっそくコマンドを入れてみよう。

アカウントを表示すると10個のアカウントが自動的に作られてる。

```
> eth.accounts
["0x1cc5abc701b78791ab7dfb18981511304bac121d", "0x313acad8b0e0
9c81295d139ce12c7ec74883e381", "0x46534e5bdd90ab99d5f010a3e616
a5fc31a42c7b", "0x00ece58e12fa5c2ff09333019e67640c01f5d29e",
"0xeb41af0f27d25938a54e907d0d7427d6bd034ab3", "0x6ef8dce4de77a
1fad0abfb571e54eb93492857a9", "0x649519441450d90ee03c5d024afd8
07bb902ff35", "0x339cb1a80f7ee07beb996e7fea8fe2c5cfbd8ae3",
"0xa2bcc921a17caee7f10f3b28974ab2e461de0f76", "0x1b9d261eca7f6
068ecf06e683cb6506a7815ee7b"]
```

残高を表示してみよう。全部1000イーサ入ってる。

wei 表示で見にくいけど10個のアカウントにはそれぞれ1000イーサずつ入金されてるのが分かるよ。

```
> eth.getBalance(eth.accounts[0])
1000000000000000000000
> eth.getBalance(eth.accounts[1])
1000000000000000000000
> eth.getBalance(eth.accounts[2])
1000000000000000000000
```

ほー。マイニングしなくても1000イーサずつ入ってるんだ。

そう。というわけで、この testrpc を使うと、いちいちマイニングをしなくても済む。
これで高速プログラミングができるってこと。了解？

うん、マイニングしなくて済んでよかった。

testrpc のコマンド等々詳細は以下を参照してね。

> https://github.com/ethereumjs/testrpc

これで環境が整ったよ。
いよいよプログラミングだ！

solidity 編

❖ 使用する開発ツール

さて、準備も整ったし、やっとプログラミングだ。

イーサリアムスマートコントラクトプログラムの開発は、「ブラウザーソリディティ（browser-solidity）」という開発ツールを使うよ。

まぁ、要するに統合開発環境（IDE）ね。
Web ブラウザ上でコントラクトのコーディングとかコンパイル実行ができる。
そしておまけにブロックチェーン上への登録とか関数の実行ができる。

さっきの玉ちゃんの特設サイトも一緒に見ながらどうぞ。
で、以下にインストール方法を説明するよ。

❖ browser-solidityのインストール&起動

以下が browser-solidity のサイトだよ。
詳細はここ見てね。

> https://github.com/ethereum/browser-solidity

以下のコマンドを打ってローカルマシンにインストールすることが

できるよ。

```
git clone https://github.com/ethereum/browser-solidity ← git
clone でダウンロード
cd browser-solidity ←新しくできたディレクトリに移動
npm install ←インストール
```

次に、以下で起動。
npm というのは前にインストールした node package manager
のこと。

```
npm start
```

それでブラウザーに以下のアドレスを入れればアクセスできるよ。
ローカルマシンの8080ポートで起動するよ。

```
http://127.0.0.1:8080
```

browser-solidity は別にローカルにインストールしなくても、ネット上で公開されてるクラウドもあるから、それを使ってもいいよ。
自分の PC で立ち上げるか、クラウドを利用するかは、どちらでも
OK。

クラウドのアドレスはこちら。

```
REMIX Solidity IDE
http://remix.ethereum.org/
```

Remix - Solidity IDE にアクセスすると次の画面が出てくるよ。
とりあえず、画面を見てみよう。

browser-solidity は大きく分けて3つのパートからできてる。
左側がエディタ部分、右上が環境設定部分、右下が結果表示部分だよ。※2017年9月時点の画面イメージ

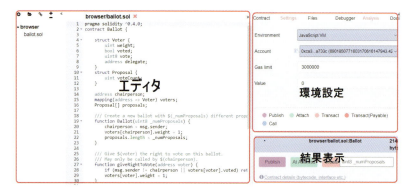

❖ browser-solidityの使い方

まず画面の左上（枠線部）の説明からいくよ。

【左1】これは新しいタブを開いて新規のエディタを立ち上げるってこと。今開いてるのと別のソースコードを編集できる。

【左2】これはローカルに保存してある＊.solファイルを開く時に使うよ。

ちなみにsolidityのプログラムは拡張子は.solにしてね。

で、他の説明はすっ飛ばしてとりあえず、新しくコードを書いてみよう。

最初に画面を開いた時にはballot.solというコードが表示されてるけど、これは閉じてしまってかまわない。

❖ プログラミングする

それじゃ新規にプログラムコードを書こう。

超簡単なサンプルプログラムを書いたので、これを貼ってみてね。
（特設ブログからコピーペーストできます）

```
pragma solidity ^0.4.0;
contract demo{

    string public name="tamachan";


    function changeName(string _newName){

        name= _newName;

    }

}
```

このプログラムがやってることは、単純に tamachan という名前
をセットして、その名前を変更するメソッド changeName を定義
するってこと。それだけのプログラムだよ。

文法はほぼ JavaScript と一緒だよ。
詳細は以下にドキュメントがある。

１）
https://github.com/ethereum/wiki/blob/master/
%5BJapanese%5D-Solidity-Tutorial.md
２）
http://solidity.readthedocs.io/en/develop/index.html

このコードの一番上に書いてる［ pragma solidity ^0.4.0; ］は、
「バージョンプラグマ」という宣言で、コンパイラのバージョンを
指定して、互換性がないコンパイルを拒否することができるよ。

以前は記述は必須じゃなかったけど、最近記述が必須になった宣言だね。

ちなみに、プログラム中の［ "tamachan";］の「；」を取ってみると…、右下にエラーが表示されるよね。

文法エラーがあるとエラーが出てきて、教えてくれるんだ。

で、コンパイルしてみよう。右上のEnvironment（環境）はJavaScript VMを選ぼう。

ここでまた、ちょっと用語解説。

> JavaScript VM：ブラウザー上での疑似実行モード。
> 実際のEthereumノードには接続せず、ブラウザ上のJavaScript VM上でコントラクト関数を疑似的に実行。
>
> Web3 Provider：ブロックチェーン上での実行モード。実際のEthereumノードに接続し、作成したContractをブロックチェーン上に登録した上でコントラクト関数を実行。

Web3 Providerを選ぶ時は、ブロックチェーンが動いてるマシンとポート番号を指定する。
今回はとりあえず疑似実行モードでコンパイルしてみる。

Createボタンを押すとコンパイルされるよ。

で、コンパイルされたら右下に結果が表示される。

```
Transaction cost: 274367 gas.
Execution cost:161387 gas.
```

とあるのは、このコントラクトを実行する時にかかる手数料のことね。
Transaction costはこのコントラクトをブロックチェーンに送信する時にかかるコスト。
だからコントラクトが大きければこの値段も上がるわけ。

で、Execution costは実行時のコスト。
このコントラクトの場合、changeNameという名前を書き換える

メソッドがあるでしょ。

つまりデータベースの値を書き換えるわけだから、それなりにブロックチェーンに負荷をかけるよね。だから手数料を払うわけ。

これが、呼び出しだけだったらコストはかからないよ。

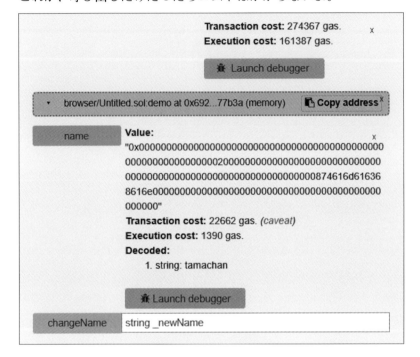

Copy address というところを押してみてね。

そうしてテキストエディタに貼り付けると以下のようなアドレスが出てくるよ。

```
0x692a70d2e424a56d2c6c27aa97d1a86395877b3a
```

これがこのコントラクトがコンパイルされてデプロイされた時のアドレスだよ。これをコントラクトアドレスと言うんだ。

ブロックチェーンではユーザーはこのアドレスを指定したら、
このプログラムを呼び出せるわけだよね。

それで gas という手数料を払って実行するわけね。
このアドレスが分からないと呼び出せないよ。

ということで操作方法は動画の方が分かりやすいので動画を見てね。
コンパイルや実行まで教えてるよ。
特設ブログの方に載せとくよ。

★ ブロックチェーン AI 研究所 ★

ブログアドレス：https://blockchain-ai.tech

記事：solidity 編

閲覧パスワード：F53JGCM7TP

MetaMask のインストール

❖ お財布（ウォレット）ソフトMetaMask

さて、browser-solidity で簡単なプログラムをコンパイルまでやったよね。

次にデプロイ（配布）の方法を説明するよ。

その前にまずイーサリアムのお財布（ウォレット）ソフト、MetaMask（メタマスク）をインストールしとこうか。

お財布ソフト？

お財布ソフトは仮想通貨の保管や出し入れを管理するソフト。
本物の財布みたいにお金をウォレットに入れるんだよ。

イーサリアムには他に mist というお財布ソフトがあるけど、この本では MetaMask を使うよ。
MetaMask はブラウザーの Firefox や Google Chrome のプラグインとして使えるので便利なんだ。

なんでお財布ソフトに入れるの？

まぁ、例えば、geth で送金コマンドを打ってもいいんだけどさ。
これ送金コマンドね。

```
> eth.sendTransaction({from:eth.accounts[0],to:eth.accounts[1],value:web3.toWei(30,"ether")})

"0x8603c0104d2d842f79db6e97eb862cdfeb1e75e289e1bf96647c260fdeaf2d39"
```

コントラクトを送信する時は、gas という手数料を払わなきゃならなかったり、メソッドを呼び出す時にも手数料が必要だよね。
そういう時に、いちいちコマンドラインでやると面倒くさいでしょ？
だから MetaMask を使う。

それと MetaMask を使うと、スマートコントラクトのデプロイ先をクリック一つで次々に変えられるよ。

例えばデプロイ先をまずローカルの testrpc にしてテストする。
それで次に他のテストネットに変えてテストして、最終的にパブリックブロックチェーンにする。
こういう切り替えを MetaMask 経由でやると簡単なんだ。

❖ MetaMaskをインストール

以下は Google Chrome でのインストール方法を紹介しとくよ。

まず、https://chrome.google.com/webstore/category/extensions?hl=ja にアクセスして MetaMask を検索してインストール。

そうすると、最初にプライバシーの注意事項とか、利用規約が出てくるけど、全部 Accept（同意）して次に進む。色々出てくるけど、Accept を押して次へ。

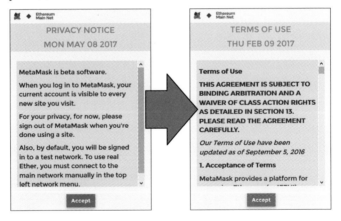

で、最初にパスワードを決める。
自分で好きなパスワードを決めていいよ。でもこれは絶対忘れないでね。どっかにメモしとこう。

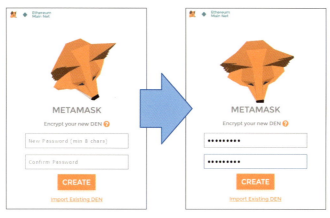

そしたら MetaMask の画面が出てくるよ。

左上のアイコンあたりをクリックすると接続先のブロックチェーンを変更できて便利だよ。

表示の通り、今はイーサリアムの Main Net（本番ネット：パブリックブロックチェーン）に接続してるってこと。

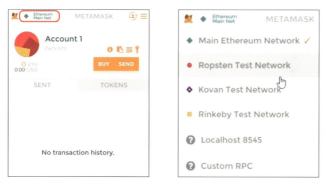

で、他にも色んなテストネットワークに接続することができるよ。で、さっき立ち上げた localhost:8545 で立ち上がってる testrpc に接続するには、下から 2 番目の Localhost 8545 を選ぶ。

MetaMask のアカウントはインストールするとすでに作られてる。

アカウントは自由に追加できるよ。追加する時は下のプラスマークを押せば追加できる。

ほら、Account2が追加されたでしょ。
このAccount1とかAccount2はあくまでMetaMask上で作ったアカウントだよ。

testrpc上にはすでに10個のアカウントができてたよね。
それとは別物。
MetaMask上でアカウントを2つ作ったので、いまんとこ全部で12個のアカウントがあるわけ。
で、次に実際にさっき作った簡単なdemoコントラクトをtestrpcにデプロイしてみよう。

MetaMask 経由で testrpc にデプロイ

❖ いよいよデプロイ（アップロード）！ デプロイの流れ

さて、MetaMask もインストールしたし、さっきの Solidity で作ったデモプログラムを testrpc にデプロイしてみよっか。

この操作はちょっと面倒なので動画でも説明しとくね。

今、やってることは図にするとこんなふうになる。

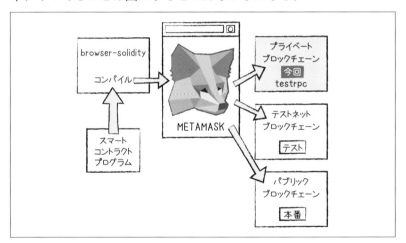

ふむふむ。要するにプログラムを MetaMask 経由で testrpc に流し込むのか。

そうそう。
で、まず browser-Solidity でデプロイ先を選ぶよ。
さっきは JavaScript VM だったけど、今度は Injected Web3を選ぶ。

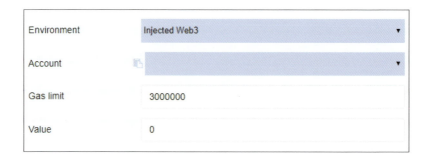

Injected Web3というのはブラウザーのアドオンってこと。つまりMetaMaskにデプロイするということ。

そしてMetaMask側の方でtestrpcを指定しておく。
先ほどと同じように左上のアイコンを選んで（図左）、この中のlocalhost 8545を選ぶ（図右）。つまりローカルの8545で動いてるtestrpcを選ぶということ。

 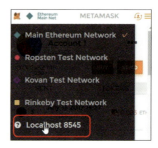

さっきのデモコードをbrowser-Soliditysolidityに貼り付けて、CREATEボタンを押す。
そうすると、MetaMaskが立ち上がる。

エラー

おっと。なんかエラー出てきた。「Insufficient balance fro trasaction」というエラーが出てる。

それは、つまり、残高が足りないってこと。
お金がないからこの取引を送れないと言ってるんだよ。

これはMetaMask上のAccount1にイーサが入金されてないからだ。
だから、testrpc上のアカウントから、MetaMask上のアカウントに送金しとこう。

❖ 送金する

以下の送金コマンドを打とう。
testrpcのアカウントからMetaMask上のアカウントに送金する。額は1イーサね。

送金先のMetaMaskのAccount1のアドレスは

1、この黒い点3つのところをクリック（下左図の右上枠）。
2、そして Show QR Code（QR コードを表示する）を選択。

 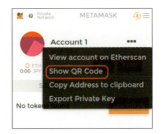

そうすると、QR コードの下にアドレスが表示されるよ。

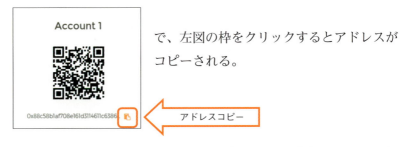

で、左図の枠をクリックするとアドレスがコピーされる。

そしたら、testrpc に接続した geth 上で以下の送金コマンドを打とう。testrpc の1番目のアドレスから、今のアドレスへ送金。

```
eth.sendTransaction({from:eth.accounts[0],to:"0x88c58b1af708e1
61d3114611c63861d690082ef9",value:web3.toWei(1,"ether")})
```

別に geth でやらなくても、以下のように curl コマンドで呼び出してもいい。

```
curl -d
'{"jsonrpc":"2.0","method":"eth_sendTransaction","params":
[{"from":"0x1b8231625c5615df
9caa2b9d20059d1cf4dc6c8f", "to":"0x88C58B1Af708e161d3114611C63
```

```
861d690082Ef9", "value": 1e18}], "id":1}' -X POST http://
localhost:8545/

結果は以下のように表示される

{"id":1,"jsonrpc":"2.0","result":"0x7bdbf8681dfdebb43b79694263
1e601c2d8a95a9f41c399469f08a14ba546c14"}
```

そうすると、MetaMask 上のアカウントの残高が1になるよね。1000に見えるけど1.000ね（図①）。

資金が入ったので、気を取り直してもう一度、CREATE ボタンを押す。

すると、おぉ！
イーサが足りてるので「SUBMITボタン」が有効になった（図②）。

これで SUBMIT ボタンを押そう。

押したよ。

良かった。これで無事デプロイされた。
これでコントラクトアドレスも発行された。

contract Publishedと書かれているのはコントラクト発行完了ということだよ（図③）。

Contract Publishedの右横のアイコンをクリックするとこのコントラクトのアドレスが表示される（図④）。

で、browser-Soliditysolidityでは、右下の結果欄にABI値が表示されてるよね。
257ページ図中のInterface [{"constant":true,"inputs": [],"name":"name","out... という部分だよ。

太郎君がこのContractを他のユーザーにも利用してもらいたい場合は、ContractアドレスとこのABI情報を教えればいいんだよ。

ABI値というのがコントラクトへの接続情報だよ。ABIは、Application Binary Interfaceの略。
Contractの取り扱い説明書のようなものだよ。
例えば、このContractの関数にアクセスするために、どのような型のパラメータを渡す必要があるか、関数の実行結果はどのようなデータ型で返ってくるかの情報が含まれてる。

というわけで、長々と説明してきたけど。
次はいよいよイーサリアム上で独自トークン（コイン）の作り方だよ。

やっとかよ。前置き長い。これが知りたかっただけなのに。

まあまあ。ちょっと休憩して、これでも読んで。

シェアリングエコノミー　未来予想図３

太郎が所属している３つの組織のうち、もうひとつのDAOは、技術者派遣の組織だ。
この組織は2018年頃に立ち上げられたDAO組織だった。

ここは、あらゆる組織に技術者を派遣する組織だ。
スポットで派遣する場合もあるし、長期に亘って派遣する場合もある。太郎はここで派遣技術者だったこともある。

振り返ってみると、2020年頃までは、日本では派遣会社が横行し、若年層が低所得で苦しんでる時期だった。
しかし、従来型の派遣会社は2023年頃には、ほぼ消滅した。
マージン率を公開しない会社は、いわゆるピンハネ屋と呼ばれ、労働者から総スカンを食った形で消えていった。

太郎の所属するこの組織は、2018年に技術者が集まって作った組織だった。
派遣労働者が逆に営業を雇うという形の組織で、派遣会社のマージン比率非公開の悪習をなくすべく組織内の必要経費はすべて公開。
組織内の誰もがリアルタイムに経費や報酬の配分をブロックチェーン上で管理する新しい形の組織だった。

当初は10名ほどの小さな組織だったが、その報酬の公明正大さに年々所属者が増えていき、2025年には全国で180万人が所属する日本最大のDAO組織となっている。

組織の仕組みは簡単だ。
技術者の労働時間と評価に応じて、クライアントからは報酬が支払われる。その報酬は、実際に働いた技術者に対して、ほぼ90％が支払われる形だ。
組織には他に、技術者を他の会社や組織に紹介して紹介手数料を貰う、いわゆる営業がいるだけだった。
中央の管理者はおらず、代わりに事務局機能がある。
今ではAI化が進んで、管理事務処理はほとんど人工知能がやっている。

技術者自身が他の技術者を紹介、つまり営業する場合もある。
その場合の紹介手数料の報酬も決まっている。
紹介が成功すれば報酬が自動計算されて支払われる仕組みだ。
太郎も友人の技術者をクライアントに紹介して報酬を貰うことがある。
ブロックチェーン上で報酬が配布されるので、誰も不正ができない。

組織の大きな方向性の変更は、全員にプロポーザルが公開され組織に属する全員により投票で決められていく。
そのため今までの搾取するだけの派遣組織は消えてなくなった。

◎ **日本円のゆくえ**
昔は、日本円を使う人がいっぱいいた。
今は税金を払う時以外は、ほとんどの人は使っていない。

太郎がメインで使っているのは、この労働者最大の組織が発行するコインだ。

太郎の組織のコインは発行上限も決められ、厳密に採掘難易度もコントロールされていた。

この仮想通貨は、いわゆる不換紙幣。いわゆるフィアット通貨との交換を拒否している。
交換をした者は、組織からBAN（いわゆるアカウント停止処分）されるため、誰もフィアット通貨との交換をしない。

フィアット通貨は、発行上限が決められておらず、発行者が無限に通貨を発行できる問題があり、詐欺コインであるとの認識が広まって、今やどの組織も、フィアット通貨との交換を拒否している。

一時、大手銀行が仮想通貨を発行したが流通しなかった。
2018年、大手都市銀行が日本円と1：1の交換比率を定めた仮想通貨を発行したが、発行上限が定められていないことに多くの人が疑問を持ったため、広まらなかった。

発行上限がない通貨は「基本的に詐欺コイン」とのレッテルを貼られるようになったため、今では流通していない。

太郎が所属する組織のコインはあらゆる場所で利用できる。
他のコインを使う人も多いけれど、その場合は、大抵は両替アプリで両替して使っている。
どうしても必要な時には日本円を使うけれど、大体は自分が一番使いやすいコインに換金して使っている。

◎ 資金調達

今では銀行を通して資金を借りるという考え方は古くなった。
企業はICOで資金調達をするところもあれば、クラウドファンディングもよく使われている。

個人でもICO可能なプラットフォームはかなり増えた。
ただ、2020年頃芸能人のICOが流行ったことがあった。
その時は、ファン相手に自分独自のコインを発行していた。
もちろん株と違って、何の法的権利もないものだが、自分のコインを持ってる人だけへの優待イベントなどをしていた芸能人も多い。
その当時は物珍しさもあって、人気の高い芸能人がICOする時は、投機目的で買う人も多かった。
今ではブームも去って、それほどICOする芸能人は多くはない。

資金調達という面では、太郎はかなり前からP2Pレンディングサービスを利用していた。

P2Pレンディングサービスはブロックチェーン上で個人同士が貸し借りをする仕組みだ。
個人でのレンディングはリスクが高く、今までこの分野に参入する企業は少なかった。
しかしSNS内での評価や、他のブロックチェーン上での活動履歴等から、金融履歴以外の情報からもその人の信用度が測れるようになり、多くの企業がこの分野に参入してきた。

もちろんP2Pレンディングサービスはお互いの履歴を共有していて、リスクある借り手は申し込んでも最初から拒否される。ブラッ

クであると参加できない。

太郎の場合は、P2Pレンディングサービスで借りた資金はすべて遅滞なく支払っている。

今までの資金の借り貸しの履歴が全部残るので、評価が高いと利率も安く借りられる。

通常、今までのレンディング履歴でブラックがなければ参加できるけれど、最初に借りる時の利率は高かった。でも、真面目に返しているうちにリスクのない借り手ということが認められ、利率も下がっていく。

一時期こういうP2Pレンディングサービスも流行ったことがあったが、民間のベーシックインカム制度が流行るにつれて需要がなくなり、今ではそれほど利用されていない。

まとまった資金は、多くの人が自分でICOやクラウドファンディングで呼びかけて調達するようになっている。

面白そうなプロジェクトや、信頼できる人にはみんなが気軽に投資する雰囲気になっている。

生活はほぼベーシックインカムでまかなえるので、それほどリスクがないのだ。

今では楽しみのひとつとして多くの人が様々なプロジェクトを呼びかけている。

面白い時代になったものだと思っている。

上級編　フレームワーク truffle で高度プログラムに挑戦

さて、下準備も整ったし、休憩もしたし。
これから**イーサリアム上で独自トークンを発行**とか、もうちょっと高度なプログラムを作ってみようか！

ちなみに最近イーサリアム上で発行されるトークンは ERC20（最新は ERC23）という規格で作られてる。
イーサリアムの開発には truffle っていう便利なフレームワークがあるよ。

フレームワークっていうのは文字通り枠組みのことだね。
あらかじめ作られた枠組みがあって、それを使えば素早く実用的なプログラムが作れるってこと。
たとえて言えば、冷凍食品みたいなものかな？
おかずを一から作るんじゃなくて冷凍食品をチンして組み合わせれば、あら素敵⁉　立派なお弁当ができる～みたいな。ちょっと違うかな。

まぁ、そんな感じで、爆速で新規プログラムが書けちゃうってこと。
この説明は長くなるから動画でやるね。以下を見てね。

★ ブロックチェーン AI 研究所 ★

ブログアドレス：https://blockchain-ai.tech/truffle.html

記事：イーサリアム フレームワーク truffle 開発編

閲覧パスワード：F53JGCM7TP

コラム　全国に広がる地域仮想通貨の波

今年（2017年）に入って、日本ではいくつも地域仮想通貨が出てきてるよ。仮想通貨ムーブメントは地方にまで広がってる。
紹介しとこう。

◎大阪　近鉄ハルカスコイン

今年の9月～10月に近鉄グループが、あべのハルカスや沿線で使える仮想通貨「近鉄ハルカスコイン」の実験をやってたよ。抽選で選ばれた5千人が現金5千円を1万コインに換えて、あべのハルカス内の約200店舗と美術館の入場料に利用してたよ。

出典 https://www.nikkei.com/article/DGXLASHD01H0R_R00C17A9000000/

◎岐阜　飛騨高山　さるぼぼコイン

外国人観光客が増えて、インバウンド需要に対応するために飛騨信用組合が「さるぼぼコイン」の実験を今年5月から開始してる。
こちらもスマートフォンアプリで利用する地域仮想通貨。ブロックチェーン技術はカナダのBlockstream社などと共同開発してるんだって。

◎福島　白虎コイン（会津大学）

これは福島県の会津大学で今年3月から実証実験が行われた国内初の学内仮想通貨だよ。
大学内の学食や売店で使用できるんだって。これもスマートフォンにインストールするタイプ。

出典：http://www.yomiuri.co.jp/economy/20170414-OYT1T50100.html

◎茨城　かすみがうら地域ポイント

今年3月から、茨城県かすみがうら市は仮想通貨「地域ポイント」を使った地方創生事業に乗り出したよ。
市が開催するサイクルイベント（自転車観光事業）とか、健康づくり子育て支援事業に参加するとポイントが貰えて、市内の飲食店や小売店などで割引券として利用できるんだって。これもスマホで利用するタイプ。

◎沖縄　琉球コイン

沖縄銀行が、今年6月から約3か月間、日本IBM社と協力し、行員食堂で仮想通貨の実証実験を行ってた。
将来的には県内で利用できる地域通貨発行や金融サービスも考えてるんだって。
外国人観光客が多い沖縄は、この地域仮想通貨で本州とは違う価値を生み出すことができると言ってる。

今年に入って色んな地域が、続々と活用し始めてるよ。

コラム　小学生が仮想通貨発行？

出典：https://nemflash.io/aussie-primary-school-teaches-cryptocurrencyworld-paying-attention/

最近、オーストラリアにある「ウーラナ・パーク小学校」ってとこが世界中から注目を集めてるよ。そこは父兄だけじゃなく、ジャーナリストやソフトウェア開発者、暗号通貨の専門家たちも関心を寄せてる。

なぜかと言うと、生徒たちがウーラナコインという仮想通貨を作ってるからだよ。

小学生が!?　すげー。

ここでは世界で初めて、前職がエンジニアの先生（キャラン・ノーランさん）がブロックチェーンや仮想通貨の授業をやってる。この取り組みが世界中から注目を集め

てるんだよ。

ビットコインだけじゃなく仮想通貨NEM（XEM）も使ってる。この小学校にNEM財団がやってきて、子供たちと一緒にNEMのブロックチェーンを作成したりしてる。

で、今年のはじめ、アメリカのソフトウェア開発者兼投資家のアンドリュー・クォン氏が21BTCのビットコインを寄付をした。これはオーストラリアの学校に寄付された初のビットコインだよ。

で、自分たちでブロックチェーンを使って、投票システムを作った。このクォン氏から貰った寄付は何に使うか投票で決めて、VRのゴーグルとか3Dプリンタとかドローンなんかを買ったんだって。すごいよね。

で、ウーラナコインは元々投票のためのコインだったんだけど、それを発展させて、ゆくゆくはICOを考えてるんだってさ。

小学生がICOかよ！

そう。日本なんてプログラミング教育とかネット教育がやっと始まったばかりなのにね。
太郎君も負けてられないよ。

ぅぅー。なんじゃそれー。小学生には負けられん！

第5章
お金って?
通貨の根本にある
大切なこと

現在の通貨は誰が発行してるの？

❖ お金を作ってるのは国じゃない?!

国の通貨、例えば円だったり、ドルだったり。
そういう**国が正式に認めた通貨を法定通貨**って言うけど、
太郎君は、それはどこが発行してると思う？

国の通貨なんだから、国が発行してるんでしょ。

ブブー。大外れ。最近は結構知られてきてるけど、**国が発行してるわけじゃない**よ。

えーーー。じゃどこが発行してるの？

もうちょっと考えてみて。例えば「世界の基軸通貨」と言われる米ドルはどこが発行してる？

えーっと。確かそれはFRBだよね。

うん。でも、FRBは国の機関じゃないよ。
FRBは単なる私企業だよ。最近ではほぼ常識だけどね。

私企業なの？　国の機関じゃないの？

そう。よくこういう話をすると陰謀論だとかなんだとか、色々言われるけど、れっきとした事実だよ。
例えばFRBの株主は、モルガン、ウォーバーグ、ロスチャイルド、ロックフェラー、クーン・ローブ商会とか。ユダヤ系の金融資本だよ。

地図上にAマークをつけた場所、ここはモルガン財閥が所有するジョージア州沿岸のジキル島。

1910年。この島に、モルガン、ウォーバーグ、ロックフェラー、クーン・ローブ等々のユダヤ金融財閥が集まって、FRBを作りましょうと決めたんだよ。

このことを称して「ジキル島の秘密会議」とか「ジキル島の陰謀」とか言うんだ。
下記の2013年11月24日の日経新聞の記事によると、アメリカでは、このジキル島をテーマにした映画が多く封切られてるそうだよ。

> 「ジキル島の陰謀」。米国ではそんなタイトルの映画も撮影に入った。有名俳優が名を連ねた経済スリラーで、秘密会議が下敷きだ。今夏にはFRB誕生以降の軌跡を批判的に検証した「マネー・フォー・ナッシング」、今春はFRBが支配する超インフレの近未来を警告する「シルバー・サークル」がそれぞれヒットした。
> いずれもFRBが隠然たる力を持つ怪しげな組織として描かれる。

「基軸通貨ドルは、一部の銀行家が自由に発行していいことにしました」
これが FRB 設立法案だよ。

こんなに大事な法案。
いや、これは**世界一大事な法案**だよ。

にもかかわらず、なんと、上院議員の大半が休暇を取っている間に通ってしまったんだよ。
つまり、みんなの知らない間に決まってしまったんだよ。

　　うぁぁぁあ！　なんじゃそれー。

その後、ウィルソン大統領はこんなふうに後悔したと言われてるよ。

「私はうっかりして、自分の国を滅亡させてしまいました。

大きな産業国家は、その国自身のクレジットシステムによって管理されています。
私たちのクレジットシステムは一点に集結しました。

したがって国家の成長と私たちのすべての活動は、ほんのわずかな人たちの手の中にあります。

私たちは文明化した世界においての支配された政府、ほとんど完全に管理された最悪の統治の国に陥ったのです。

もはや自由な意見による政府、信念による政府、大多数の投票による政府はありません。

小さなグループの支配者によって拘束される政府と化しました。」

ウッドロー・ウィルソン

世の中の人々は、「お金持ちになりたい。お金が欲しい。競争競争」そうやって頑張ってるんだけど、その大本のお金を発行している人たちは、国じゃなく単なる銀行の連合体。
金融カルテル（連合）だったんだよ。

つまり、ある特定の金融財閥がやってるんだよ。
それに世界中の人たちが振り回されているだけ。

❖ 銀行は持ってないお金を貸し出している

銀行が人にお金を貸し出す時。どうやってるか知ってる？

みんなから貯金を集めて人に貸してるんでしょ。

いや、銀行は持ってもないお金を貸し出してるんだよ。
例えば太郎君が銀行に行って300万円のお金を借りるとする。

でも、実際は銀行はコンピューター画面で300万円と口座に入力してるだけだよ。

えー。どういうこと？ 銀行に300万円あるから貸してるんじゃないの？

いや、それは表向きだよ。
銀行は持ってもないお金を貸してるんだよ。

その昔、お金というのはちゃんと現物の「金（gold）」の裏付けがあった。
でも、今のお金は適当に銀行がコンピューターのキーボードを打って「はい。300万貸しました」ってやってるだけだよ。
もはやコンピューター上を流れる単なる数字の羅列で、なんの意味もないものなんだ。

ええ？ うまく想像できないよ。
僕たちは一体、何を借りてるのさ？

僕たちは、だから騙されてるんだよ。
その昔、銀行家のマイヤー・アムシェル・ロスチャイルド男爵がこう言った。

我に通貨発行権を与えよ。
さすれば誰が法律を作ろうが構わない。

これはどういうことかというと、通貨発行権さえ握れば、法律家や政治家、学者等々、あらゆるものを我が物にできるということだよ。

だって無限に通貨を作り出せる"打ち出の小づち"なんだからさ。

無限に通貨を作り出す？　そんなことができるの？

その昔、銀行って、金持ち連中から金の延べ棒を預かってたんだ。で、金の延べ棒なんて持ち歩いたら防犯上良くないよね？

だから、金持ち達は、銀行に預けっぱなしにする代わりに、銀行から「預かり証」を発行してもらった。
この預かり証を銀行に持っていけば、またいつでも金の延べ棒は返してもらえるって仕組み。
これが紙幣の始まりなんだよ。

その後、預かり証自体で物の売買ができるようになって、それが通貨の役割を担うようになっていった。
銀行家達はそれを利用して、**預かってもない預かり証を大量に発行した**んだよ。
それで、なんでも買い占めて権力を握っていった。

どわー。預かってもないのに預かり証を発行してたのか。

そう。
で、さらに現在の銀行がお金を貸す方法を見てみるよ。
一般的に銀行は、金庫室に保有しているお金の約9倍を貸し出してるよ。
これを**部分準備制度**って言うの。

◎ 部分準備制度の仕組み ◎

例えば、ある人が100万円を銀行に預けると、銀行はその100万円の10％をとっとく。

で、残りの90万円は貸し出す。

↓

その90万円を借りた人（Aさん）は、車を90万円で買う。

↓

90万円はAさんから車販売会社へ支払われる。

↓

車販売会社は90万円を銀行に預ける。

↓

銀行が貸したお金が銀行に返ってきたので、一巡。

↓

銀行は、当然2順目に取り掛かる。

↓

90万円のうち、9万円を中央銀行に預けて、残りの81万円を貸し出す。

↓

> そして、市場でお金が回って返ってくる。

これを繰り返すと、元々あった100万円からどれだけのお金が市場に出回ると思う？

〈計算式〉
100+100*0.9+100*0.9^2+100*0.9^3+……
図にするとこんな感じ。

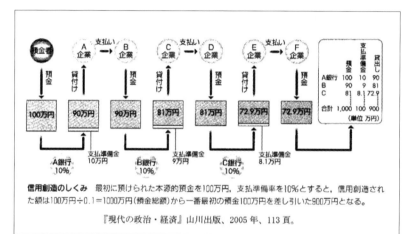

結局、たった100万円から900万円が作られることになるんだよ。
しかも、その900万って**今までどこにも存在してなかったお金**なんだよ。
これを、**信用創造**というんだけどね。
でもこれって、実は、**お金を希薄化させてるわけ**。

❖ 価値の希薄化

ここで、「価値」ってものについて考えてみよう。

みんなが交換に使ってる紙幣は、元々は紙切れに過ぎないよね。元々は単なる紙切れに過ぎないものに価値があるとみんなが信じるから価値が出てくるわけだよね。

それは株でも一緒だよね。
例えば、みんながソニーの株券を使って、物の売買をしてるとするよ。
で、ソニーが株式を2倍発行したとすると、1株あたりの価値は半分になるよね。

で、どんどん新株を発行したりしたら、既存の株主の持ってる株の価値が、その分減るよね。
要するに「株の希薄化」っていう現象が起きるんだよ。

希薄化というのは、たとえて言うと、ジュースを飲んでたら、そのコップにどんどん水を注ぎ足されるようなものだよ。
喫茶店でこれをやられたら、「どんどん味が薄くなっちゃうじゃないか、やめろ、ふざけるな！」って、普通は怒るよね。

その昔、株式市場で、この薄めたジュースみたいなことが起こった。ネット通販の大手企業が株を大量に発行したんだ。もちろん既存の

株主は怒りだした。ネット上で非難囂囂だったんだよ。
株主を無視して大量に株を発行するなんておかしな話だよ。
怒られるのは当たり前だ。
なのに、ジュースでも株でもされたら怒ることを、「通貨」でやっても、誰も怒らない。
通貨をどんどん発行しても、誰も文句を言わない。

通貨だって、発行しすぎると通貨の価値はモノの価値に比べて減ってくよ。
例えば通貨を2倍発行したら、今まで100万円で車1台買えたのに、200万円出さないと買えなくなる。
100円で買えたレタスは、200円出さないと買えなくなる。
それは、みんなの手元にあるお金の価値が減ったということだよ。

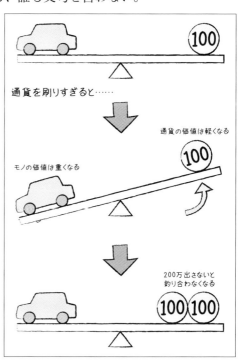

通貨の価値が下がる＝インフレだ。この場合インフレ率100％だよ。

❖ 富の収奪

で、お金が発行された分、給料が2倍になってればいいけど、そうはなってないでしょ。

通貨発行権がある人が、新たに発行されたお金をみんなに配らずに持ったままいれば、そのまま通貨発行者の懐に入るんだよ。
つまり、通貨が発行されるほど、みんなが持ってるお金の価値が、通貨発行者に移動していくってこと。

つまり、発行者がみんなの持ってる富を奪ってるんだよ。
これを**富の収奪**って言うんだよ。

流通してる通貨を増やすだけで、人々の富を奪えるんだよ。
通貨発行権によって、自由に富の収奪が可能なんだよ。

これは、ほとんどの人が理解してないことなんだ。

通貨発行権を誰かに奪われるということは、富の収奪権を奪われるということなんだ。

だから、**通貨発行権は絶対に誰にも渡してはいけないんだよ。**

❖ 減った価値を戻すのは誰?

しかも、通貨を使っている以上、価値が希薄した通貨は誰かがその価値を埋めなきゃいけない。

だから**一般庶民は、その下がった価値をまた埋めるべく働かなきゃ**ならなくなるんだ。
まるで養分吸い取り装置だよ。

僕たち、養分吸い取られてるのか。

 そうだよ。
だっておかしいと思わない？
現代社会はどんどん忙しくなっていくよね。
社会が発達すればするほど忙しくなるんだ。

それはみんなの労働力が、通貨の仕組みで吸い取られてるってことなんだよ。

これが、通貨発行権を握られると価値基準の目盛りを自由に決められて、富を収奪されてしまう仕組みだよ。

❖ 通貨発行権＝打ち出の小づちを取り戻そう

 だから通貨発行権というのは権力の中枢みたいなものだよ。
いわば、打ち出の小づち。

三権分立ってあるでしょ。
立法権（国会）、行政権（内閣）、司法権（裁判所）。
でも本当は、**その一番上に通貨発行権が来るんだよ。**

通貨発行できたら、あらゆるものを買収できちゃうよ。
警察だろうが、政治家だろうが、裁判官だろうが、何だろうが買収できるし、企業もすべて買うことができる。
だいたい今、一部上場の企業の大株主は日銀だからね。

でも、誰もそこに突っ込まないんだ。
普通は、株券を無限に発行してるような、変な会社はちゃんと競争原理が働いて淘汰されるよ。誰もその株を買わなくなるから。

でも、今、みんなが使ってる米ドル、日本円、ユーロ等々にはそういう競争原理が働かない。
みんな強制的に使わざるを得ないんだよ。

あー。それで出てきたのが仮想通貨なんだね。

そう。仮想通貨が広まれば広まるほど、法定通貨のおかしさにみんな気づくんだよ。
こんな変な通貨なんて使わなーいって。健全な競争原理が働くようになるよ。

> 仮想通貨で独自の経済圏を作ればいいんだ。
> 自分たちの生活に使う通貨は自分たちで発行しよう！
> そして勝手に希薄化させないようにしよう！

これは考えてみれば健全な考え方だよ。

景気とお金の量は関係してる？
法定通貨のおかしなところ

❖ 景気対策の真実

将来は、法定通貨よりも、仮想通貨の方が、日常的に使われる世界になるはずだ。

だんだんと仮想通貨と法定通貨が共存する世界になると、今まで目につかなかった法定通貨の変なところが目につき始めると思うよ。

変なところ？　例えば？

例えば日本では、景気を良くする経済政策として「アベノミクス」なんてことが言われてるよね。
その中で、しきりに「量的緩和」とか「マネタリーベース」とか難しい言葉を使ってるけど、太郎君はマネタリーベースってどういう意味か知ってる？

えぇーと。マネーのベース？　お金の基準？

近い。マネタリーベースは、「通貨の総発行量」のことだよ。
で、通貨の総発行量と、景気が本当に関連するのかって話なんだけどね。

例えばさ、ビットコインをいっぱい発行したら景気が良くなる？
イーサリアムの発行量を増したら景気が良くなると思う？

え？「コインの量」と「景気」は関係ないんじゃないかな。いっぱい発行したら、それだけビットコインやイーサリアムの価値が下がるってさっき習ったよね。

そう。普通に考えるとそうなるよね。例えば2倍発行したらインフレ率100％。コインの価値は1/2になるよ。
コインの総発行量と景気の良し悪しは何の関係もないよ。

例えばある企業がコインを大量に発行する。
発行すればするほどその企業の景気が良くなるなんてことはない。

じゃ株はどうなると思う？ 株を2倍発行したら、その会社の景気が良くなると思う？

いやいや。株の発行量とその会社の景気は何の関係もないでしょ。

そう。いくら株を発行したってその1株あたりの価値が1/2に下がるだけだよ。
発行量と会社の景気は何の関係もない。

普通に考えて株券をバカスカ発行する会社の景気が良くなるわけがないんだよ。
発行した株券の量と、その会社の景気は何の関係もないよ。

つまり、**量的緩和って名のもとに日本円をいくら発行したって景気が良くなるわけないんだよ。**

へ？　バカなの？　って感じだよ。

だから、およそ経済政策でもなんでもないことを、あたかも経済政策のように言ってるのが今の景気対策ってこと。
一般庶民はバカな経済用語に惑わされて「ふーん、そうですか」って無理矢理納得させられてるけど、普通に考えりゃおかしな話なんだよ。
通貨をたくさん発行すれば景気が良くなったら誰も苦労しないよ。

特に経済学者とか、バカな経済用語を使って色々言ってるんだけど、そんなの、この単純な詐欺に力を与える役目になってるだけだよ。
何も分かってないんだ。

量的緩和とかマネタリーベースとかバカな経済用語って、民衆を煙にまくためだけのもの。およそ経済理論でも何でもないものをあたかも経済理論のように言ってる。
それだけ見ても経済学者がいかに分かってない人達なのか分かりそうなものだよ。

それにしても、なぜこんなにも法定通貨だけが、無限に発行できてるのさ？

それはその国でその国の法定通貨しか使えないからだよ。日本のお店ではたいていの場合、日本円で物の売買をする以外にない。海外の場合は、現地通貨かドルでしか買えない。

こうなると、法定通貨間で交換が起こるよね。為替取引だよ。

例えば、1ドル100円が、110円の円安になったら、今まで100円
で買えていた輸入品を110円出さないと買えなくなるよね。
それがまた100円まで円高になって戻る時、1倍→1.1倍→1倍っ
ていう価格の変動が起きてる。

これはどういうことかというと、0.1倍分だけ一生懸命日本人が
頑張ってその価値を埋めたということ。
でも、せっかく100円まで戻しても、またドルを大量に刷られると、
その分、円安になって、110円に戻る。そしたらまた頑張って100
円に戻す。その繰り返し。

これはコイン（仮想通貨）にたとえてみると、分かりやすいよ。
例えば、2つのコインがあるとする。

一方は真面目さんの作った**真面目コイン**。
真面目さんはコツコツと優秀な車とか電化製品なんかを作ってて、
それとの交換を保証したコインを発行してる。

一方は、ただ発行しただけで何とも交換できない。ICOで儲けよ
うと思って作っただけの、ただの**詐欺コイン**。

もちろん、どっちのコインが値段が上がるかと言えば、前者の真面
目コインだよね。
一方の詐欺コインなんて誰も買わないから価値はゼロのままだ。

でも、詐欺コインの発行者が真面目コイン発行者を脅迫する。
「おい。うちのコインとお前のコインを交換しろ」
「ええ？ そんなコインいりませんよ。何とも交換できないんでしょ」

でも、詐欺コインは嫌がる真面目さんを暴力で脅迫。
脅しに屈した真面目さんは詐欺コインとの交換をしぶしぶ了承。

そうなるとどうなると思う？
せっかく評価が上がった真面目コインの価値が詐欺コインに移っちゃうよね。
例えば、真面目コイン100枚と詐欺コイン1枚が交換可能になるとする。

ええ？
市場のみんなは驚く。
あの詐欺コインは真面目コインとも交換できるのか？
それで、詐欺コインにも価値ができてしまうんだ。

詐欺コインは何もいいことやってないのに真面目コインのおかげで価値が上昇。
この意味分かる？

あれ？　おかしいなぁ。
製品を作っても作っても購入されてしまう。なんでだろう？

貯まるのは、何とも交換できない詐欺コインだけ。
真面目グループの金庫には何とも交換できない詐欺コインが貯まるだけ。
要するにボランティアで働いてるだけってことだ。

詐欺コイン側は笑いが止まらないよね。
だって無価値なコインを作るだけで、真面目さんの作る製品と交換

できるんだからさ。
要するに真面目さんの真面目な努力が詐欺コイン側に全部吸い取られてるってこと。

しばらくして詐欺グループはまた「楽(らく)したいな～」って思ったら詐欺コインを新規に発行するだけでいいよ。
たくさん詐欺コインを発行したら、為替で言うと、詐欺コイン安(真面目コイン高)に傾く。

で、また交換しろ！　と脅す。
そして交換したとたんに、またぐっと為替が元に戻って詐欺コイン高(真面目コイン安)になるんだよ。
それは真面目さんが一生懸命働いて生み出された養分が、詐欺コイン側に搾取され、移動しただけってこと。

真面目さんはこういう為替のポンプのような仕組みで、働けど働けど一生養分を吸い取られるだけなんだよ。

うわーーー。これが日本の状況って、ひどすぎる。

だろ？　こういうことが、今までずーっと、マッチポンプみたいに繰り返されてる。日本は養分が吸い取られ続けてるんだよ。

で、ドルが世界中に広まれば広まるほど、FRBは同じ手口を色んな国で使えるんだよ。

通貨を薄められると、薄まってしまった価値の分だけみんなが働いて価値を埋めなきゃならなくなる。

で、この通貨の希薄化→元に戻すっていう作業は、**その国の中央銀行がやってる**んだよ。

だから中央銀行制度がない国というのは、なぜか戦争で潰されちゃうんだよ。

911以前、中央銀行制度（スイスのBIS配下）がなかった国は以下の7か国でした。

アフガニスタン、イラク、スーダン、リビア、キューバ、北朝鮮、イラン

↓

2001年の9.11に世界同時多発テロが起きました。

イラクとアフガニスタンが攻撃され中央銀行が設立されました。

↓

その後、2011年にリビアとスーダンに中央銀行が設立されました。リビアはカダフィ大佐が死亡。

↓

残りはキューバ、北朝鮮、イランになりましたとさ。

世界中の中央銀行がない国は、政権を転覆させられてしまう。

養分吸い取り装置をつけられてない国は、暴力で押さえつけられちゃうってこと。

実は、法定通貨というのは、ひじょーに怪しいものなんだ。

でも、仮想通貨が広まって、法定通貨と仮想通貨の競争が起き始め

たら。みんな日本円とかドルとかの怪しさに気づいて徐々に使わなくなっていくよ。
それが今後の世の中の流れだよ。

コインをいっぱい発行したら景気が良くなるなんてアホか！
そろそろみんなが声を大にして言うべき時期だと思うよ。

ちなみに景気を良くするっていうのは、単に流通速度、お金の回る速度を上げることだからね。
発行するんじゃないんだよ。流通させるの。

❖ 景気が良くなった実例　ヴェルグルの奇跡

流通で景気を良くした実例もあるよ。その昔、ゲゼル通貨というのを提唱した人がいたんだけど。ヴェルグルの奇跡という話は聞いたことある？

ヴェルグルの奇跡？　ないよ。どんな話？

第二次世界大戦前のお話。
世界大恐慌時代にオーストリア・チロル地方のヴェルグルだけ、めちゃくちゃ景気が良かったんだよ。

大恐慌時代と言えば、どこも不況に喘いでた。
でもヴェルグルだけが、オーストリア初の完全雇用を達成し、上下水道も完備され、公共設備やほとんどの家が修繕されて、税金もすみやかに支払われた。好景気で町中が沸いたんだよ。

ほぇ。なんでそんなことができたんだ？

ヴェルグルには、ヴェルグル内だけで使えるお金みたいな「労働証明書」ってものがあったんだ。で、この労働証明書は、月初めにその額面の1％のスタンプ(印紙)を貼らないと使えないって仕組みになってた。
1か月に1回、毎月月初めにはそのスタンプを貼らなくちゃならない。ってことはつまり、月初めにその額面の価値の1％が失われるということだから、長く持っているほど損をする。
だから「手元にずっと持ってるより1か月以内に使っちまえ」って、誰もができるだけ早くこのお金を使おうとしたんだよ。

これが「減価通貨」の考え方。長く持ってれば持ってるほど価値が減る通貨を作ろうというこの考え方は、当時活躍したシルビオ・ゲゼルという人が提唱した理論だよ。

ヴェルグルでは、この"腐るお金"が消費を促進して「労働証明書」は週平均8回も所有者を替えるようになった。

その当時のオーストリアの法定通貨はシリングなんだけど、この"腐るお金"が流通した期間の13.5か月間に平均464回循環した。これは普通のオーストリア・シリングに比べて、およそ14倍の流通速度だったんだよ。

お金は回転することで、何倍もの経済効果を生み出すんだよ。

すげーー。
つまりお金が回転するほど景気が良くなるんだ。

そう。本当は経済なんて、すごく単純な仕組みなんだよ。
通貨をいっぱい発行したら景気が良くなるなんて、本来の景気回復とは何の関係もないことやってるんだよ。

こういう単純な仕組みを経済学者達がものすごーく難解な言葉でミスリードして、分かりにくくしてる。
ヴェルグルの奇跡は今のテレビに出てる御用学者には誰ひとりとして起せないよ（笑）。

❖ 法定通貨の行く末

ちなみに、今の経済の仕組みはそろそろ行き詰まるよ。
これは当たり前の話だよ。

貧富の差がどんどん開いていく話はしたよね。
それはたとえて言えば、公園で誰かひとりがおもちゃをぜーんぶ独り占めしてるってことだよ。

え？　どういうこと？

公園におもちゃがたくさんあって、子供達がそのおもちゃを使って活発に遊んでいるってのが、景気が良いって状態だよね。
でも、公園である子だけがおもちゃを独り占めしたらどうなると思

う？

そりゃ、みんなシラ～～。
シラけて誰も遊ばなくなるんじゃない？　公園から子供がいなくなるよね。

でしょ。
今の経済の状態もそれと同じだよ。景気が悪い。
人間の体でたとえるなら血の巡りが悪い。血が巡らずにうっ血していってる。

貯められた通貨はどんどん増える。
大企業は内部留保をどんどん増やして労働者には分け与えない。
さらに、お金持ちがもっとお金持ちになって、貧富の差をどんどん拡大させる。
それっておもちゃを独り占めしてる状態だよね。

それなのに、「もっと消費しろ！」って…頭がクルクルパーなの？
だって、おもちゃを取り上げたうえで「もっと遊べ！」って言ってるようなもんなんだからさ（笑）。

あー。そういうことか。そりゃ誰もが公園から逃げたがるよね。

今の経済はもう、どん詰まりなんだよ。
だから次に来るのが戦争。

しょうがないから一度リセットしてもう一回血の巡りを良くしよう

とするわけ。

戦争というのは、実はうっ血した経済を一度リセットして再度血の
巡りを良くする目的でやるんだよ。
ほとんど、やらせね。
どうせ、もっともらしい理由をつけるんだけど、本当の目的は経済
のため。

今の感じで言うと、あと５年以内には世界大戦をもう一回経験しな
いと経済が回らないところまで来てるよ。
玉ちゃんが予想すると東京オリンピック後ぐらいかなぁ。
まぁ、見てれば分かるよ。

誰も知らない為替の秘密

❖ 赤字で成り立っている米国のからくり

次はアメリカの現状ね。
アメリカという国は毎年膨大な貿易赤字を出してるよ。
アメリカは平均すると、毎年約4000億ドル（50兆円）という凄まじい額の赤字になってるよ。
つまりそれだけの額の商品を毎年日本・中国・ドイツから輸入してるということだよね。

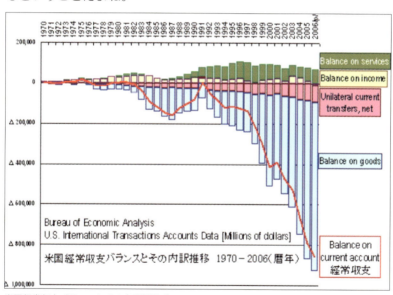

米国経常収支バランスとその内訳推移グラフ

ええ？ これでなんでアメリカがやっていけてるの？

これは、日本、中国、サウジアラビア、ドイツ等々各国が米国債を買ってあげてるからやっていけてるんだよ。
普通に考えれば、これだけ赤字を垂れ流す国の通貨が維持できるわけがないんだ。

よく「為替相場で円高になると輸出産業が大打撃を受ける」と言ってる人達がいるよね。実は、こんなのは全部デタラメだよ。

総務省統計局のHPに、貿易依存度の各国比較データがあるんだけど。国の経済規模が大きくなるほど、貿易依存度は低くなる傾向があるよ。
経済規模が大きいとは、つまり国内で回っているお金の総量が多いということ。
日本の貿易依存度って、他の国に比べてかなり低いんだよ。

それにね。日本では企業も努力してて、2010年の段階で、日本の輸出企業は、売り上げ代金の受け取りに「円」を使用している企業が41%なんだよ。現在（2017年）はだいたい6割にまでなってる。

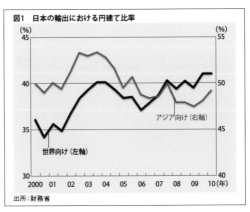

これはどういうことかというと、**円で取引してるってこと。**
ドルで代金を受け取ったら、ドル安（円高）になったら売り上げが落ちるから困るけど、円のまま代金を受け取るなら円高だろうが円安だろうがまったく関係ないんだよ。

もう日本企業の半分以上がすでに円で決済してるのに、何が輸出産業が壊滅するだよ。もう為替なんて関係ないのにさ。

要するにこれは、ドル安になると困る人達が言いふらしてることなの。

そして玉ちゃんはずーっと前から言ってることだけど。
現在の通貨は単なる紙切れ＝不換紙幣なんだよ。

1971年のニクソンショックで、ブレトンウッズ体制をなくして金とドルの兌換（＝交換）をなくした。つまり不換紙幣になった。つまり、なんの裏付けもない単なる紙切れになったってこと。

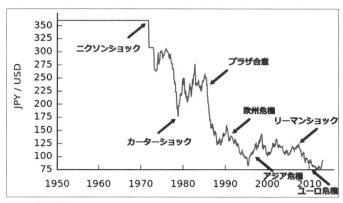

ドル円価格推移

その代りに、1971年、ニクソンはサウジアラビアと協定を結んだ

んだよ。サウジアラビアは米ドル以外で原油を売らないってね。

この意味分かる？

つまり日本がサウジアラビアから原油を買いたい時は、わざわざまず日本円を米ドルに交換して、それから買わなきゃならないんだ。だから、何もしなくても米ドルは価値を維持できた。

これはつまり、**金本位制から、原油ドル体制に変わった**っていうこと。これをペトロダラー制度と言うんだけどね。

で、こういったことは、あまり知られてないので、玉ちゃんは、びっくりしてるんだよ。だからちょっと説明しとくと。

> ・兌換（だかん）紙幣＝同額の金貨や銀貨に交換することを約束した紙幣
> ・不換（ふかん）紙幣＝金貨との交換を保証しない紙幣

兌換紙幣は、金などの現物の裏付けがある通貨。
不換紙幣は、なんの裏付けもない紙っぺら。

> 不換紙幣とは本位貨幣（正貨たる金貨や銀貨）との兌換が保障されていない法定紙幣（英：Fiat Money）のことをいう。政府の信用で流通するお金であることから、信用紙幣（英：Faith Money）とも呼ばれる。　　　　　出典：Wikipedia

法定紙幣の英訳を見ると、Fiat Moneyってあるよね。本来、Fiat（フィアット）という言葉は、権力者から与えられる公式命令とい

う意味だよ。
「この紙っぺらをありがたがれ！」という公式命令とも言える。

不換紙幣にしてから、ドルはガーーーッと安くなって、円高になっちゃった。
日本は1ドル360円の固定相場制の時代から一気に1ドル70円まで行ったこともある。
それで、為替介入を何度もやったんだよ。

為替介入というのは、円高になりすぎたので、円を売ってドルを買うということ（逆もあるけど日本政府は円安を阻止するためのドル売り円買いはほとんどしてないよ）。

で、為替介入で日本政府が購入したその外貨は、今どうなってると思う？

えーっと。どうなってんだっけ？

そう。色んな人に聞いても、ほとんどの人が答えられないのには驚くよね。
おいおい。**ほとんど米国債になってるでしょ！**
この基本を知らない人が多すぎるんだよ。

日本政府は、**為替介入で買ったドルで、せっせと米国債を購入してるだけだよ**。この購入額を外貨準備高って言う。
外貨準備高とは、要するに米国債のことなんだ。

日本政府は今まで、円高（ドル安）になると「輸出産業が壊滅する。デフレになってしまう」と言っては、「うぁぁぁ〜」なんて驚いてみせて、円売りドル買いの為替介入を何度も繰り返して、そのドルで米国債を購入してるんだよ。

以下は、年々積み上がっていく日本の外貨準備高＝米国債のグラフだよ。

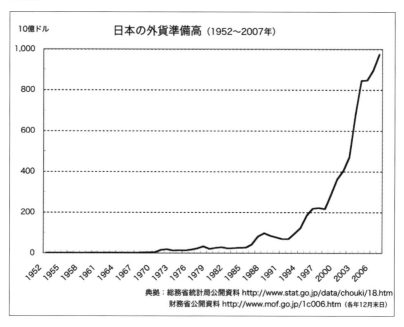

要するに為替介入ってのは、

「いいの？　円高になるとデフレになっちゃうよ？　輸出産業壊滅しちゃうよ？」

「ぁぁっ。すみません！　米国債買わせて頂きますぅぅ」

これを単純に言うと、

「金を貸せこの野郎！」

 「つぁぁぁ。貸しますぅぅ」

と日本が巨額のお金を貸してるという、ただそれだけのことだよ。

 ええ？　でも、米国債は借用証書でしょ。
いざとなったら換金できるんでしょ。

 いやいやいや。そんなことができたら苦労しないよ。
まったくそんなことはないよ。

米国債というのは、帳簿上は日本政府の外為特会（外国為替資金特別会計）に含まれてる。
で、この外為特会の米国債は、なぜか外貨のままでは使えずに円に一度換算して、一般会計に組み入れてからでないと使えない仕組みになってるんだ。

つまり**ドルをドルのまま使うことができない**。

米国債を使おうとすれば、一度ドルを円に戻さなきゃならないので、今度は**ドル売り円買いをやらなきゃいけない**んだよ。
そうすると「円高になるだろ！」と怒られるので、一度購入した**米国債は、おいそれと使えない仕組みになっている**んだよ。

なんじゃそりゃ。じゃ、ずーっと使えもしない米国債を買わされてるのか。

 そうそう。今まで日本が、言われるがままに紙切れを紙切れのまま保有してたから、為替相場を大幅に円安寄りに固定してるんだよね。

日本は決して米国債を売却することができないんだよ。

だから米国は日本から無尽蔵に借金をし続け、日本の納税者のお金はアメリカ政府の勘定に移っている。
代わりに米国債という、誰にも売れないし、使えない紙切れが積み上がっていくという仕組み。

でも昔はこの仕組みに抵抗した人もいたんだよ。
これは、2009年2月の先進7か国（G7）財務相・中央銀行総裁会議での写真だよ。

IMF専務理事のストロスカーン氏　財務省（当時）中川昭一氏

その当時の財務相・中川昭一さんは、日本の外貨準備金1000億ドルを拠出して財政破綻寸前の国々を救済すると発表したんだ。

それでIMF専務理事のドミニク・ストロスカーン氏は「日本による融資は、これまでの人類史上で最大規模のものだ」とこれを絶賛した。
G7での合意内容は中川さんの発表通り「日本の外貨準備金1000億ドルを拠出して財政破綻寸前の国々を救済する」というものになった。

これってどういう意味かというとね。
日本が今まで塩漬けにしたまま活用しない米国債を担保に融資を行えるようにした、つまり米国債を流通させる仕組みにしたということなんだよ。

ぉー。頭良い。何にも利用してない米国債を利用できるようにしたんだね。

今まで日本が紙くずを買い続け、誰にも売らず塩漬けにするものだから、米ドルは価値を保持できた。
刷りまくって価値が希薄化してしまったドルに日本人がせっせと労働力で価値を与えてた。
それは、すなわちFRBがドルを刷るたびに日本人の養分が、チューチュー吸われていたということ。

中川さんはそれをやめさせようとしたんだよ。それで、米国債を流通させようとしたとたん、米ドルが暴落し始めたの。
2009年のG7は、2008年9月15日に発生したリーマンショック後のことだった。

その後の中川さんとストロスカーン氏はどうなったか知ってる？

うーん。知らない。どうなったの？

中川さんは、有名な泥酔会見で失脚、その後自宅で死亡した。
ストロスカーン氏は、ホテル従業員の女性に性的暴行を働いたという罪を着せられて失脚した。
この世の中はまともなことをやろうとすると、死ぬか失脚するんだよ。

どわー。怖い話聞いた。怖い話聞いた。
っていうか聞いてない。そうだ。聞かなかったことにしよう。

うん。こんな話はあんまり表立って言わない方がいいよ。霞が関とかの大人は皆、知ってても黙ってる話だからさ(笑)。

支配者側仮想通貨 vs 反権力仮想通貨

❖ 国の中央銀行が作る仮想通貨

法定通貨がこんな状況だったら、中央銀行だって今後仮想通貨を発行するかもしれないよね。

そうだよ。実は中央銀行は既に仮想通貨発行の準備をしてるよ。色んな国がやってる。一部を載せとくよ。

ドイツ中央銀行、証券取引向けブロックチェーンプロトタイプ構築
■https://news.bitcoin.com/central-bank-germany-blockchain/
■https://www.bundesbank.de/Redaktion/EN/Downloads/Press/Pressenotizen/2016/2016_11_28_blockchain_prototype.pdf

日銀、欧州中央銀行と分散台帳技術の調査へ
http://www.boj.or.jp/announcements/release_2016/rel161207a.htm/

中国中央銀行は既に独自の仮想通貨を実験
https://www.cryptocoinsnews.com/chinas-central-bank-already-testing-national-digital-currency/

カンボジアの中央銀行は、ブロックチェーン技術を使用した銀行間支払いの試みを先導的に進めており、最終的に経済全体のキャッシュレスシステムを示唆しています。
https://www.cryptocoinsnews.com/cambodias-central-bank-plans-blockchain-trials-toward-cashless-economy/

イングランド銀行は独自の仮想通貨 R コインを準備
https://innovation.mufg.jp/detail/id=141

スウェーデン中央銀行はスエーデンは国を挙げて仮想通貨発行「E クローネ」を発行する計画
http://blogs.itmedia.co.jp/borg7of9/2016/11/post_125.html

オランダの中央銀行のオランダ銀行は独自仮想通貨 DNB コインを検討
https://www.boj.or.jp/research/wps_rev/rev_2016/data/rev16j19.pdf

カナダ中央銀行はデジタル通貨 CAD-Coin を開発中
http://cryptocurrencymagazine.com/canadas-central-bank-working-blockchain-based-digital-dollar

まぁ、アメリカの FRB もかなり前から独自の仮想通貨システムを検討してると言ってるよ。まだ出てきてないけどね。

要するに仮想通貨が広まっちゃったら、自分たちの通貨発行特権がなくなっちゃうわけだからね。だからそうなる前に自分たちも独自の仮想通貨を発行してしまおうと考えてるんだよ。

ビットコインやブロックチェーンの著作で知られる野口悠紀雄氏は、中央銀行が仮想通貨を発行したらビッグ・ブラザーの世界に近づくと言ってるよ。

『ブロックチェーン革命　分散自律型社会の出現』
(2017/1発売)
著：野口悠紀雄
刊：日本経済新聞出版社

ビッグ・ブラザーというのはジョージ・オーウェルの小説『1984』に登場する支配者の名前で、民衆の大規模な監視を行う人物、機関のこと。野口氏は、もし中央銀行発行の仮想通貨が広まれば、その時こそ超管理社会の出現だと、懸念を書いてるよ。

日本でもマイナンバー制度が始まったけど。これと仮想通貨が結び付くとめちゃくちゃ管理社会になるよね。

例えば、ICチップに「本人の個人情報」と「政府発行通貨の秘密鍵」を埋め込めば、個人情報と通貨情報は完全に紐づけられる。
そうすると、役所の個人データとの売買記録が完全にリンクできるよね。税金も完全に捕捉できるし、そのチップを拒否すると何も買えなくなってしまうとかね。
そんなふうになれば超管理社会だよね。
まさにユートピアの反対。ディストピア社会だよ。

❖ 政府の仮想通貨はプライベート・ブロックチェーン

　ちなみに政府発行の仮想通貨は「プライベート・ブロックチェーン方式」でやろうとしてるよね。
　これは、普通のビットコインのP2Pとどこが違うかというと、**銀行の承認を得ないとマイニングできない**ってことだよ。
誰でも参加できるビットコイン方式とは逆だね。

そうなると、台帳は誰もが持てるわけじゃなく、一部の管理者だけが持つことになる。すると台帳データには個人はアクセスできないわけだから、データに不正があっても分からない。

完全に支配者に管理された台帳になるわけ。
そうすると通貨の発行上限だって決める必要はないし、希薄化し放題な仮想通貨になるだろうね。

そんなの一体誰が買うんだろう？　と思うけどね。

例えば、今すでに広まってる「リップル」って通貨があるでしょ。玉ちゃんはこの通貨もなんだかな～って思って見てるんだけど、リップルはビットコインとは真逆の思想なんだよね。

・ビットコインには中央の管理者がいないのに対して、リップルには中央管理者がいる。
・ビットコインは通貨の発行上限が決まってるのに対して、リップルは全体として上限がない。

今年2017年10月、リップルはSWELL（スウェル）というイベン

トをやるよ。で、ここには元 FRB 議長のベン・バーナンキが出演
してる。

リップルは、リップルゲートウェイというところに現金を払い込ん
で預かり証を発行してもらう。
で、その預かり証自体が仮想通貨になる仕組みだよ。

結局これって、その昔、銀行が大金持ちから金（ゴールド）を預か
って、預かり証を発行したみたいなもんだよね。で、銀行はそのう
ち預かってもない預かり証を大量に発行し始めたって話したけど、
玉ちゃんから言わせれば、発行上限が決められてないリップルも同
じ仕組みだと見てるよ。

リップルは、Google とかソフトバンクとか、他にメリルリンチと
か、バンク・オブ・アメリカやスタンダード・チャータード銀行と
いった巨大資本が参加してる。

今後、都市銀行などもリップルの仕組みを採用して国際送金手数料
を低く抑えようとしてる。
リップルは今の銀行システムとそっくりで、仕組みが仮想通貨にな
っただけだよ。

これってつまり、完全に、支配者側の仮想通貨だと思うよ。

以下の人も、リップル（通貨単位：XRP）はファンダメンタル的
に無価値と書いてる。

> ビットコイン研究所ブログ記事（http://doublehash.me/ripple-xrp/）より
>
> **RippleのXRPがファンダメンタル的には無価値である理由**
> XRPとBitcoinなどが大きく違う点は、2つある。
> ・rippleはあくまで銀行システムの置き換えであって、決済システムである
> ・XRPというのはブリッジ通貨に過ぎない

単に今の銀行の仕組みが仮想通貨版になっただけ。そんなリップルは買いたくないね。

まぁ、こういう権力者側の仮想通貨も色々出てきてるけど。
でも、そんなに心配する必要はないとも思うよ。
だって、使わなきゃいいんだもの。

❖ 注目の黒い三連星通貨

じゃあ、反権力的な仮想通貨ってのはないの？

ある！ すごい通貨が出て来てるよ。それは、完全匿名通貨。玉ちゃんはこれを黒い三連星通貨と呼んでるんだけどね。こりゃもう完全に反権力通貨だよ。

1．DASH（ダークコイン）
Dashは、エヴァン・ダーフィールドさんという人が作ったよ。コ

インジョイン（coinjoin）という技術を基に作られてる。

コインジョイン（coinjoin）といえば以下の2名が有名だよね。

コーディ・ウィルソンさんとアミール・ターキさん。

左の人は世界で最初に3Dプリンターで銃を作ってネットに載せたウィルソンさんだよ（笑）。

ちなみに、この2名もコインジョイン（coinjoin）技術を使ってダークウォレットというのを作ってる。これを使うとビットコインの送金履歴が追跡不可能になるんだよ。

で、Dashは日本語の説明動画があるんだけど、その中で「リアルな取引は履歴を銀行に監視されている。でもDashなら支配権は全て自分たちにある。我々の取引は第三者から追跡不可能」と言ってるよ。

これはもう、権力者に完全に喧嘩を売ってる通貨だよね。
「お前たちの計画はお見通しだ！　中央銀行で仮想通貨を発行して、何から何まで全部管理しようと思ってんだろ。だったら追跡不可能な通貨を作ってやるよ。俺たちを追跡してみろよ！」って完全に挑発してるんだよ（笑）。

で、使われているコインジョイン（coinjoin）という方式の説明をしとくよ。

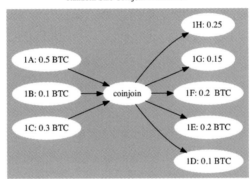

ダッシュコインは送金したら一度プールに送られる。
それでプールの中で色んな送金者とシャッフルされて、またプールから受信先に送られる。
だから誰がいくら送金したのかさっぱり分からない仕組み。
要するにシャッフル方式だね。

2．MONERO

　　この通貨は、ワンタイムリング署名という方式を使ってる。

ビットコインというのは支払いをする時、署名しなきゃならないけど、それで誰が支払ったか分かってしまうんだね。

でも、MONEROは署名を集めてリングにすることでどこの誰が署名したか分からなくなる仕組みにしてるんだ。

3．Zcash

これはゼロ知識証明という暗号方式を使って、完全匿名を実現してる。

取引の内容をすべて暗号化し、閲覧権（閲覧キー）を持った利用者しか取引内容を見られない仕組みになってる。

とにかく、以上の3つの共通点は「いつ、誰がいくら支払ったか。じぇーんじぇん分からない」。
黒い三連星は売買記録追跡不可能。だから支配者がまったく支配できない通貨だよ。

というわけで、中央銀行の仮想通貨など出てきても、使う必要はない。

だってDASHやMONERO、Zcashを使えばいいんだから。
そうしたら個人を特定できないし管理できないよ。

ビットコイン・ブロックチェーンの始まり

❖ そもそもビットコインってどうやって生まれたんだろう?

玉ちゃんの話を聞いててふと思ったんだけど、そもそもビットコインとかブロックチェーンって誰が作ったの？仮想通貨なんて誰がなんのために作ったのさ？

ビットコインは、サイファーパンクって呼ばれる人達の中から出てきたんだよ。

太郎君は知らないかもしれないけどさ。
メールや、LINEなんかのやりとりって、ほぼすべて、ぜーーんぶ、すっかり、アメリカ国家安全保障局（NSA）に監視・盗聴されてるの知ってる？

ええ？　どいうこと？

まぁ、インターネット自体DARPA（ダーパ）が作ったんだから当たり前なんだけどさ。

ダーパ？　なにそれ？

アメリカ国防高等研究計画局のことだよ。この機関の通称をDARPAって言うの。

以下は Wikipedia からだよ。

DARPA（ダーパ）　アメリカ国防高等研究計画局

設立年月日　　1958
本部所在地　　バージニア州アーリントン郡
人員　240
年間予算　32億米ドル
行政官　Regina E. Dugan（Director）

アメリカ国防高等研究計画局（アメリカこくぼうこうとうけん
きゅうけいかくきょく、Defense Advanced Research Projects
Agency）は、軍隊使用のための新技術開発および研究を行う
アメリカ国防総省の機関である。日本語では防衛高等研究計画
局、国防高等研究事業局、国防高等研究計画庁などとも表記さ
れる。略称はダーパ（DARPA）。ARPA の時期にインターネッ
トの原型である ARPANET・全地球測位システムの GPS を開
発したことで知られている。

DARPA というのはインターネットの前身の ARPANET（アーパ
ネット）を作ったことで知られてる。

とにかく物理学、生物学、脳科学、量子力学等々、先進的な研究を
やってるところで、遺伝子操作技術　遺伝子組み換え動物（キメラ
動物）、クローン、ロボット、人工知能、UFO、マインドコントロ
ール技術に至るまで、とにかく「トンデモ」と言われる分野もバン
バン予算を入れて研究してる機関だよ。

あのステルス爆撃機を作ったのもダーパだし、GPSもダーパだよ。
そして一説にはエイリアン・テクノロジーを入手してるとも噂されてる。
そもそもインターネットはその昔はARPANETと呼ばれてたんだよ。

今でもIPアドレスからホスト名を調べる逆引きドメインとかは.arpaを使うけど、それはその名残。
ARPANETって名称も、DARPAのDを取ったからARPA。
DARPAが作ったNETだからARPANETだったの。

で、まぁ、とにかく、そんなDARPAが作ったインターネット上の通信はほとんど監視されてるって事実はよく知られてることだよ。

またまた玉ちゃんの妄想でしょう。

いいや。違うよ。
ウブな太郎君は信じられないかもしれないけど事実だよ。
よく調べてみて。

最近、あのスノーデンさんが暴露してるでしょ。以下は最近の『現代ビジネス』(講談社)の記事。

スノーデンの警告「僕は日本のみなさんを本気で心配しています」

アメリカ国家安全保障局(NSA)の契約職員だったエドワード・スノーデン。

> スノーデンの"暴露"で驚愕の事実が次々と明らかになる――。
>
> メール、チャット、ビデオ通話、ネット検索履歴、携帯電話での通話など、世界中のあらゆる通信経路を通過する情報のすべてをNSAが掌握しようとしているという事実が、初めて具体的な仕組みとともに明らかにされた。世界中が驚愕し、多くの人々が激怒し、私自身も震えた。
>
> 出典：http://gendai.ismedia.jp/articles/-/49507

このスノーデンさんの映画、『シチズンフォー』（詳細は http://gaga.ne.jp/citizenfour/）。最近やってたよね。
元NSAの技術者が言ってるんだから、妄想でも何でもなく事実だよ。

ぇーー。じゃ、僕と花了ちゃんのあんな会話もこんな会話も盗聴されてたの？

まぁ、どんな会話をしてたかは興味ないけどさ…（笑）。普通はそういうことを知るとみんな怒り狂うよね。「今まで俺たちのメールを盗み見してたんか！」って。

その怒った人達の中に「だったら自分達のプライバシーは自分たちで守ろう！」と立ち上がる人達がいたんだよ。
そういう人達を"サイファーパンク"と言うんだけど、ビットコインはそういう人達の中から出てきた通貨だよ。

太郎君は、政府から監視されてたらどうする？

うーん。それは気持ち悪いから、ネットを使わなくするかな。

まぁ、そうだよね。でもさ、今はネットが使えなくなると困るよね。だからやりとりを全部暗号化しようと考えた人達が出てきたんだよ。それがサイファーパンクの人達なんだよ。

つまりサイファーパンクというのは「強力な暗号を使ってプライバシーを守ろう！」って活動をしてる人達を言うんだ。

サイファーパンク（cypherpunk）とは、社会や政治を変化させる手段として強力な暗号技術の広範囲な利用を推進する活動家である。元々はサイファーパンクメーリングリストでの対話を通じて、非公式なグループが暗号技術の積極的な利用によるプライバシーとセキュリティの確保を狙ったものである。サイファーパンク達は1980年代の終わりから活発な運動に携わってきた。
（※注　サイバーパンクではなくサイファーパンク。サイバーパンクとはSFのジャンルを表す言葉です）
出典：Wikipedia

サイファーパンクの創始者の一人として知られるのはこの人。
ジョン・ギルモアさん。
この人はサーバーの会社サン・マイクロシステムズの技術者だったけど、退職してサイファーパンク活動してるよ。

ジョン・ギルモア（John Gilmore、1955年-）は、電子フロンティア財団の創設者でGNUプロジェクトへの一流の貢献者。サン・マイクロシステムズの5番目の従業員であったが、早期退職をして他の関心を追求することができるほどの富を蓄積した。

これは同じく創始者の一人ティモシー・メイさんの暗号アナーキストマニフェスト（英語）。

> ティモシー・メイの1992の文書『潜在無政府主義の宣言』
> http://www.activism.net/cypherpunk/crypto-anarchy.html

そして、サイファー・パンクさん達の技術的な原点はこれ。
1989年代に書かれたデビット・チャウム博士の論文。

> IDなしのセキュリティ：ビッグ・ブラザー達を時代遅れにする取引システム
> http://www.cs.ru.nl/%7Ejhh/pub/secsem/chaum1985bigbrother.pdf

この論文は「強力な暗号を使ってビッグ・ブラザー達を時代遅れにしてやろうぜ！」って論文だよ。
野口さんのところでも触れたけど、ビッグ・ブラザーっていうのは、世界を支配しようとする国家権力、一般市民の支配を目論む独裁権力の

象徴ね。

DARPA のやってることはまさにビッグ・ブラザー。

だから、サイファーパンクさん達はそういうピラミッド型の中央集権国家を目指すビッグ・ブラザー達を許すな！　って立ち上がったんだよ。

「こうなりゃ通信を全部暗号化して！　ビッグ・ブラザー達を時代遅れにしてやろうぜ！」

という集まりが最初なんだよ。

そして1992年、今挙げたジョン・ギルモアさん、ティモシー・メイさんと、エリック・ヒューズさん達がメーリングリストを作ったんだよ。これが有名な「サイファーパンクメーリングリスト」だよ。

そして、2008年には、このメーリングリストに以下の論文が流されたんだ。

「Bitcoin: A Peer-to-Peer Electronic Cash System」。

> ■原文：https://bitcoin.org/bitcoin.pdf
> ■日本語で読むビットコイン原論文（coincheck blog 内）
> ：https://coincheck.com/blog/292

で、このサイファーパンクメーリングリストには、以前から

・ウェイ・ダイさんの B マネー（B money）

・Nick Szabo（ニック・サボ）さんのビットゴールド（bitgold）

っていう、ビットコインの大本になる、分散型通貨のアイデアが流されて、議論されてたんだ。

で、ビットコインはこれらのアイデアを実現したものと言われてる

よ。

で、その技術的構想を最初にホワイトペーパー（白書）にして流したのがサトシ・ナカモトさん。

でもその時、実はみんなそんなに興味なかったんだ。

だって、今までの論文とそこまで代わり映えがしないし、技術と言っても、「公開鍵」とか「ハッシュ」とか、使い古された技術だったからさ。
またか…って反応だったんだよ。

開発者サトシ・ナカモトの思い

❖ 開発者の正体は?

 結局、ビットコインってサトシ・ナカモトが作ったの?

 最初は玉ちゃんもサトシ・ナカモトという日本人だと思ってた。
昔、日系人エンジニアのドリアン・ナカモト氏がそうじゃないかという噂も流れたことがあったよ。

でも今のところ、オーストラリア人起業家のクレイグ・スティーブン・ライト氏がそうじゃないかという噂が出てる。

この人は、ブログで一度サトシ・ナカモトだって告白したんだけど、色んな誹謗中傷にあって、ブログで謝罪してからまったく出てこなくなっちゃった。だから真相は謎のままだよ。

クレイグ・スティーブン・ライト氏

 へー。こんな人がいたのか。
知らなかったなぁ。

❖ ビットコインのジェネシスブロックには何が入っている?

開発者の正体は明かされてなくても、ビットコインにはサトシ・ナカモトの強いメッセージが刻まれてるって知ってた?

知らない。どんなメッセージ?

ちょっとプログラミングの章を読み飛ばした人のために、おさらいね。
ブロックチェーンというのは、お互いにチェーンでつながる取引データの塊だったよね。
だから、ビットコインのブロックチェーンは、最初のブロックを作るところから始まる。
それを Genesis(ジェネシス)ブロックっていう。

ジェネシスってのは創世っていう意味ね。

そう、ちゃんと覚えてるね。つまり Genesis ブロックっていうのはビットコインの創世ブロックということだよ。

その創世ブロックは2009年1月4日に作られたんだ。
それがビットコインの始まり。
そして創世ブロックにはこんなメッセージが書かれてるよ。

> The Times 03/Jan/2009 Chancellor on brink of second bailout for banks
> 訳：ザ・タイムズ　2009年1月3日　英蔵相が破綻の瀬戸際にある銀行に2度目のベイルアウト（銀行の救済措置を検討している）

実はこれ、ニュースの見出しなんだよ。
リーマンショックは2008年9月に起きた。
で、その時イギリスの中央銀行・イングランド銀行は、銀行救済に7兆円の救済処置をしたんだ。

上のニュースは2回目の救済処置の記事の見出しなんだよ。
つまりビットコインはリーマンショック直後の2度目の銀行救済をする時に生まれたんだよ。

サトシの後を継いだギャビン・アンダーソン氏は雑誌インタビューにこう言ってる。

「サトシは銀行や銀行家が裕福になることが心底嫌いでもっと公平なシステムを作るためビットコインを作った」

❖ ビットコインは金本位制を模倣

前にも話したけど、元々アメリカは金本位制だったよね。
他にも金本位制の国はいっぱいあったよ。

19〜20世紀って金本位制の時代だった。

だから中央銀行は通貨を発行する時、その価値の裏付け（担保）になる「金（ゴールド）」がなければ勝手に通貨を刷ることはできなかったんだ。
ところで、金が自然界に存在する量はどのぐらいあるか知ってる？

知らないよ。どれだけあるの？

プール3杯分。だいたい21万トンね。
で、ビットコインには、この「21」という数字が色んなところにちりばめられてるんだよ。

太郎君は、ビットコインの発行上限がどのくらいか知ってる？

えーっと。いくつだろ。全然分からない。

2100万BTCだよ。
開発者のサトシ・ナカモトが金本位制の21万トンという数字を意識してビットコインを作ったんだよ。

ちなみにビットコインは、21万ブロックが作られるたびにマイニングの報酬が半減する。これを半減期と呼ぶよ。
ここにも21が出てきてるよね。

シェアリングエコノミー　未来予想図4

◎下町DAOの破壊力

太郎の組織はソフトウェアのDAOだけれど、今では他にも色んなDAOが存在してる。

例えば2022年頃、大田区の下町工場の人達が立ち上げたDAOは今、日本では一番人気のDAOになっている。世界的にも有名なコインだ。

そこが発行する下町コインも高騰していて、1コイン＝1000万円に高騰してる。

下町コインは、今や世界中の投資家が手に入れたがる、垂涎の的のコインのひとつだ。

AI時代でも、職人のきめ細やかな技、特に人間の手のしなやかな動きは模倣できない。それはたとえ3Dプリンター全盛の時代でも無理だった。

そして大田区の町工場の社長が集まって立ち上げた下町DAOは、自分たちが発行するコインでしか仕事を受けないことに決めた。

当初は誰もがその意味が分からなかったけど、価値を買い叩かれないための仕組みだったと、後で多くの人達が気づくことになった。

そのため下町コインは高騰に高騰を重ね、今では世界で一番高価なコインになっている。

実は下町工場の技術がないと電子部品などが成り立たないものが多

いのだ。人工衛星技術や電子基盤技術に使われている下町の技術。
下町コインを購入しないと生産が成り立たない工業製品は多い。

「私達は不換紙幣（無限に発行できる紙幣）との交換は受け付けません」
2023年下町コインの代表の佃(つくだ)さんが宣言した時は、衝撃的だった。

その頃までは、みんな金融の知識がなく、不換紙幣との交換を許すと富が吸い取られることが分かっていなかった。
でも、佃さんがそう宣言してから多くの人達がその意味を理解することになった。
不換紙幣との交換を許すと労働力と技術力を吸い取られてしまう。
そして多くの人達がそれに続いた。

「私たちは独自の通貨圏を作ることにしたんです」
下町DAOの代表の佃さんはそう言う。
その先見の明で日本技術のリーダーとしても賞賛の的になっている。
下町の人たちは、今では世界で最も裕福な人たちとして、国内でも羨望の的になっている。

他にも例えば、元有名アニメ制作会社のメンバーが立ち上げたDAOは、新作アニメーションを出し、いつもかなりの人気があってコインが高騰している。
新作を作るたびにICOが呼びかけられていて、興行収入によって配当トークンが配布される。
今年の新作で儲かった人も多かったと聞いている。

今では政治もこの労働者組織が連合を組んだ団体が動かしている。
昔のような大企業の資本家、経団連に支配された政治ではなく、今では逆になった。
労働者がメインの政治が作り出されている。労働者が自分たちの価値と時間、そして技術の守り方を学んだからだ。
かつては金融の力で自分たちの養分を吸い取られていることに、誰も気づいてなかった。

今では民間の発行するベーシックインカム制度が主流になったが、来年には初めて国が発行するベーシックインカム制度が通る見通しだ。

「思えば世の中は変わったものだ」
太郎は、そう思う。
今ではほぼすべての人が、同じ認識を持ってる。

2020年頃までは通貨発行権は資本家の手にあった。誰もが騙されていた。
基軸通貨だった米ドルを発行していたのも単なる私企業の集まりのFRBだった。
FRBの株を、米国政府は持っていなかった。
今や多くの人がその事実に気づき、歴史の教科書にも載る事実になっている。

通貨発行権は自分達で持つ。
三権分立が基本であったが、そのさらに上に、通貨発行権を決める権利が来る。

この基本が、今や常識になっている。
そして通貨発行権は誰も侵してはならない一番重要な権利として確立した。

今では政府発行の通貨を使う者はほとんどいない。
基軸通貨として流通しているのは、太郎の使う労働団体の仮想通貨だ。
日本では今、多くの人が使っている。

特別編　ハンガリーとアイスランドで起きたこと

❖ マスコミが決して報じない世界の大ニュース

さて、今まで長々と説明してきたけどさ。

今日の時点で、どこのマスコミにも決して報じられない、ものすごい大ニュースがあるの知ってる？
世間に広がると大変なことになっちゃうの。
だから、どこのマスコミも報道してないんだけどさ。

ぇえ？　そんなにすごいニュースあるの？
なんだろう。聞いたこともないけど。

ハンガリーとアイスランドのニュースだよ。

実はこれ、かなり前のニュースなんだけどね。

ハンガリーとアイスランドは**中央銀行を廃止して政府が独自の政府紙幣を発行する国になったの。**

このことについて、いまだにどこのマスコミも報道してないのはなぜかというと、今財政に苦しんでる国々、ヨーロッパで言えば、ギリシャやポルトガル、スペインに、真似されると困るからだよ。

えっ？ 中央銀行制度を廃止した?!

 そうだよ。
例えばハンガリーは、2011年当時ひどい経済不況で苦しんでた。

で、当時、国民から高い支持を得ていたオルバーン首相がIMFに対して「ハンガリーはこれ以上一部の巨大銀行家（ロスチャイルドなど）が支配する中央銀行からの支援を受けない」と伝えたんだよ。

そして独自通貨を作って「政府紙幣」を配布し始めたんだよ。

そこから巨額の負債で身動きが取れなかったハンガリーの経済が急速に回復したんだ。
それで2014年にはIMFへの借金は完済して、IMFに対し「古代ヨーロッパの地から出ていけ！」って追い出したんだよ。
その後、ハンガリーの検事総長は、前首相と2人の元首相を告訴したんだ。

 こんなニュースは聞いたことがないよ。

 まぁね。日本はおろか欧米マスコミのどこにも流されてないからね。
他にもアイスランドのニュースはネットでは有名だよ。
検索してみて。

アイスランドのニュースは、「アイスランドの無血の市民革命」と

か、「鍋とフライパン革命」って言われてるよ。

鍋とフライパン革命？

そう。一般の人達が文字通り、鍋とフライパンを鳴らしながらデモをしたんだよ。

こんな動画があるよ。

出典：https://www.youtube.com/watch?v=BZxR1VbTVkg
アイスランド無血の市民革命　通称：鍋とフライパン革命
ポルトガルで高い評価を得ているドキュメンタリー作家／映画監督ミゲル・マルケスによる自主製作映画（2012年）。

アイスランドは2008年に一度破産した。やっぱりハンガリーと同じように経済不況に苦しんでて、通貨クローナは、デフォルトして無価値になっちゃった。株式市場も停止した。

で、この時、国家の負債として35億ユーロをイギリスとオランダに、月賦で15年間5.5％の金利で支払うことがIMFから提案されてたんだよ。
でもそれに反発した人達がいた。彼らは、最初、草の根運動で反対

運動をしてた。

そういう人たちが始めた運動が、どんどん広がって2010年、数十万人の抗議デモになったんだ。これは恐ろしい数だよ。

そして、国民投票を要求した。
それで新大統領が選ばれて、IMFの提案を拒否したんだよ。

新政府は、この経済的危機を招いた責任者たちに対する捜査を行って、多くの企業役員や銀行家を逮捕したんだ。
で、国民から新たに選ばれた25人の市民が新憲法を作ったんだ。

それでやったことは、中央銀行国有化。
経済に関する決定を国民投票で決める。
それで今までの政府の責任者たちを投獄する。

で、そこからアイスランド経済は急回復し、2011年以降は毎年プラス成長を遂げているんだよ。

 ぉぉお。

で、これが驚きなんだけどさ。アイスランドは、国民に対して、住宅ローンを免除したんだよね。
これ、すごいよね。

どわーーーー。
住宅ローン免除?! すげー。

そう。実はこれ、中央銀行制度を廃止したらできるんだよ。だって、みんなの抱えてるローンって、本来は何の根拠もないものだから。

銀行のコンピューター端末に「はい。あなたに３千万円貸しました」
って入力してるだけなんだから。

銀行は元々その３千万円を持ってない。持ってもないお金に金利を払う必要ある？
単なる詐欺でしょ。
だからアイスランドは当たり前のことをやっただけなんだよ。

うぉー。すごすぎる。僕も住宅ローン免除されたい〜。

って、太郎君、ローン組んでたんかい！

まぁ、だからこのニュース、どこのマスコミも報道してないんだよ。こんなことができるって知れわたったら、それこそ現状の世界経済システムが崩壊してしまうからさ。

うー。なんてことだ…。ガクガクガクガク。
じゃぁ僕たちの今住んでる世界は、なんなんだよ。

まぁ、正直言うと狂った社会だよね。

❖ お金を稼ぐのが、より大変になっている理由

玉ちゃんはいつも街に出て思うんだけどさ。
巷にあふれてる商品の山。
例えばコンビニに行けば、ありとあらゆるものが売ってるよね。
ポテトチップスとかお菓子とか、コーヒーとか、清涼飲料水だってさ。
なんであんなに種類があるの？

その昔は、ポテトチップスならカルビーで、コーヒーならUCC。
カップラーメンは日清で。
そんなもんだっただろう？

今や、服だって、車だって、もうやたらめったら、色んな種類がある。生産過剰・大量消費文明だ。

うん。なんかもう、最近はお腹いっぱい。過剰だよね。

こないだ MEGA ドン・キホーテってお店に行ったよ。そこに売ってたハロウィングッズとか。あんなの全部遊びの物だろ？

その昔は駄菓子屋とかそういうところで売られてたものだよ。なんであんな種類があるんだよ？　お面なんて1種類で十分だろう。

うーん。1種類は極端だけど。まぁ、あんなにいっぱい売ってる必要はないわな。選ぶのに困っちゃうよ。

そう。最近の若者は「ゆとり世代」を通り越して、車乗らない、ブランド服着ない、旅行行かない、消費しない、欲がない、いわゆる「さとり世代」だと言われるよね。

うん。僕もそんなに買わないかな。だってすでにそこら中にあるんだもの。わざわざ自分のものにする必要はないかな。あまり買いたいとは思わない。

でしょ。最近の若者は、なにも買わないと言うけど、それは分かるよ。
いわば現代文明は、不用品文明だよ。

大量の不用品を作り出して、それでいて忙しい忙しい。そう言って暮らしてるんだからさ。

これって、もし宇宙人が円盤で空から見たら、「おいおい。こんな大量の不用品を作るのをやめて、ゆっくり暮らしたら？」って突っ込み入れる文明だよ。

でも…、みんなやめられない。
だって、働かないと食っていけないもの。

こういう不用品は、本当はみんな楽しんで作ってるわけじゃない。趣味で作ってるわけでもない。作らないと食えなくなるから作ってる。

太郎君の言う通り、本来は趣味とか楽しみレベルのものが、作らないと食べられないという恐怖のもとで作り出される仕組みになってる。

昔の人は「働かざる者食うべからず。一生懸命働くのは美徳」って言ったけど、それは生活必需品を作ってた時代の話だよ。

今や、一生懸命働いて、残業して、ひいこら言いながら必要もないのにモデルチェンジを繰り返す自動車メーカー。
スマホとか。液晶、家電メーカー。
これって全部、遊びの道具だよね。

例えばキャバクラ嬢がまじめに働いたって、やってることはお酒を飲んで遊んでるだけ。
芸能人が仕事と言ったって、やってることはお笑い番組。

やってることは、資源を無駄にして、地球を痛めつけて、電気代を無駄にして遊んでるだけだよ。江戸時代の人たちから言わせれば「まじめにやれ！」って怒鳴られるようなことをやってる。

そうだね。確かにそういう面はあるよね。でもさ、なんで僕たちは、こんなにモノがあふれて食料もそこら中に

あるのに、それでいて忙しいって暮らしてるんだろ。
よく考えたら変な社会だよね。なんで？

そう。その素朴な疑問。その感覚が大事なんだよ。
本当は子供の心で、王様の耳はロバの耳！　って大声で叫ばなきゃいけないんだよ。

例えば、その昔は、パソコンってそんなに処理速度が速くなかったよね？　ネットだってパソコン通信と言えば文字しか送れなかった。
で、今は、どんどん処理が速くなってる。
だったら、仕事だってささっと終わって、お疲れ様～って定時で帰ってもよさそうなもんだろ？
なのに、なんで昔に比べて残業が増えてるのさ。

ネットの速度が速くなればなるほど、なんで仕事が忙しくなってるんだ？
そこがおかしいと思わないと、変なんだよ。

確かに。ネットの速度が速くなるたびに、なんだか忙しくなってるなぁ。便利になってんのに、なんで残業ばかり増えるんだろ。

そこだよ。
それは「通貨」が問題なんだよ。

太郎君は働いた労働力の対価として通貨を貰う。
その通貨で何かを買う。
今の経済の仕組みは、そうなってる。

でもよく考えてみて。
昔は、おじいさんひとりで床屋をやってても十分食べていけた。あるいは、おばあちゃんがひとりで経営してる駄菓子屋なんかもあったよね。でも、それで十分だった。

今や台頭しているのはコンビニ。
でもそのコンビニでは、ちょっとの儲けのために「あれもやらなきゃ、これもやらなきゃ」ってなってる。
アルバイトは、時給800円のために、コピーとって、Amazonポイント売って、電気料金のハンコを押して、お弁当を温める。

今や千円カットの店がいっぱいできてて、10分で髪が切れるよ。

1通貨を得るために、あれもやってこれもやってと付加価値が増える。つまり、それって逆に言うと**1単位通貨に必要とされる労働生産性がどんどん上がってる**ってことだよ。

あー分かるそれ！　1000円稼ぐのが昔より厳しくなってるんだ。

そう。じゃあ、その単位通貨あたりに必要な労働生産性が上がった分の恩恵は、労働者本人が受け取ってる？
本来、日本人は2、3時間働けば食べていけるんだよ。
でも、アメリカという赤字を垂れ流す国家の面倒を見てるために、残業100時間なんてことをやってるんだよ。
でも、その頑張りって、ただ希薄化したジュースをまた濃くしようとして頑張ってるってこと。
便利になった分だけ、通貨発行権に、その恩恵をチューチュー吸わ

れてるってことなの。

どんどん必要な労働生産性を上げさせて通貨を濃くする。
↓
また希薄化される。
↓
また頑張って濃くする。

今の社会の仕組みって、これをずーっと繰り返してるだけなんだよ。
自分たちがその恩恵を受け取ってないんだよ。

❖「人工知能で失業」の恐怖にはカラクリがある

これから15年後。
2030年頃まで、仕事はどんどん人工知能でオートメーション化されていくと言われてるよね。

そうなると「人間の仕事が奪われる〜」って恐れおののく論調をよく聞くんだけどさ。
これ、テクノ失業と言うんだけど、よく考えりゃ、その考え方はおかしいよね。

例えば、ある小さな村で、農業も全部ロボットがやってくれて、他の工業製品の生産もぜーんぶロボットがやってくれる村があるとする。
そうしたらそこの住民は、職が奪われる〜って嘆く？
普通は、楽ちん楽ちんって、喜ぶはずだよ。
だって黙ってたって食料が作られて、工業製品も配給される。

その発展の恩恵は、そこに住む村人が受けられるはずだろ。

うん。そりゃ確かに天国みたいなものだわな。
それなのに、なぜ職が奪われる〜ってなるんだろ。

なぜそうなるかっていうと、間に通貨が入ってるからだよ。

技術が発達すればするほど、通貨を稼ぐことがどんどん難しくなる。
通貨1単位あたりに必要な労働生産性がどんどん上がる。
競争が激しくなるよ。

よく考えれば、これは椅子取りゲームなんだよ。

間に入った通貨に養分を抜き取られてることに誰も気づかない。
勝てない椅子取りゲームは、テクノロジーが発達するたびに、さらにどんどん過酷になるだけなんだよ。

椅子を抜き取られてるのに気づかないで、みんな椅子に座る権利を勝ち取ろうと頑張ってる…。

そう。だから、もっと不要品を作ってもっと不要なサービスをつけて遊ばないと食えなくなる〜って怖がってるんだよ。

人工知能と競争して不用品作るなんて、もはやキ◯ガイでしょ。

あはははは。そっか。確かに。もう狂ってるとしか言えないね。

そう。だからまずは通貨発行権を取り戻す。
自分たちの通貨を発行して、自分たちの経済圏を作ればいいだけなんだよ。
これが、誰にも養分が抜き取られない仕組みだよ。

テクノロジーが発達した分、その恩恵は自分たちが受け取る。
そういう当たり前の循環の仕組みを作るだけなんだよ。

 分かる〜。それ。このまま養分を抜き取られてるのを気づかないで、人工知能時代に突入〜、なんてメチャクチャだわ。

シェアリングエコノミー　未来予想図5

最近は、色んな経済圏ができた。
太郎は、10年前のことを考えると不思議な気がした。

あの頃は、日本で使える通貨といえば日本円だけだった。
スマホで使えるデジタルマネーやポイントも確かに存在したけれど、唯一価値の物差しとして日本円を使うのが当然だった。
楽天ポイントとかTポイントなんていうのもあったけれど、あくまで日本円換算でポイントの価値を表現していた。

ところが今は、それほど日本円で換算する人はいない。
税金はもちろん日本円で払うのだけれど、生活のほぼすべてに仮想通貨が利用されてる。

最近は「ビットコイン換算でいくら？」と聞く人もいるし、
太郎が住んでる千葉県のローカルコイン「フナッシーコイン換算でいくら？」と聞く人もいる。

他の地域でも、地元のローカルコインで換算して表現する人が多くなっている。
例えば熊本ならクマモンコインだし、奈良はセントコインが流行っているし、福島では白虎コインが流行ってる。
地域仮想通貨は、今では活発に使われている。

太郎の地元、千葉県船橋市のゆるキャラ・フナッシーが発売したフ

ナッシーコインは、一時期恐ろしいほど高騰したことがあった。

フナッシーコインは千葉の地元商店街の住民が共同で立ち上げたNPO団体が発行したものだった。
ICOの時は物珍しさもあって、150億円集まった。

フナッシーコインがICOする時には、「日本のローカルフリマアプリのコインが登場した」と世界的にニュースになり、海外からも多くの資金が入ってきた。
その当時としては一番の記録だった。

フナッシーコインは、8万人が登録するフナッシーアプリの中で利用可能だ。
そのアプリ内で個人が勝手にお店を出して、物品の売買を行える。
売買はすべてフナッシーコインで支払われる仕組みだ。

今ではフナッシーコインをよく使う人は千葉に多い。
地元の商店街はフナッシーコインだけで販売する商品を扱うところも出てきている。

地元コインだけで商品を売るのは一見するとお客が減るように思いがちだけれど、それはフナッシーコインの価値も上がるということ。
千葉をひとつの商圏と考えると、株が上がるのと同じで、全体的な価値が上がるのだ。

販売するコインを限定するだけで、千葉県のコンテンツの価値が上がる。

要するに、他の価値の安いコインや、無限に発行可能な価値が希薄化したコインで、地域のコンテンツの価値を汚されないようにする考え方だ。

他に、ICO で有名になったのは、ソニーが出したソニーコイン。
この時も世界的に騒がれた。
今では大企業の多くが独自コインを発行してる。
トヨタコインというのもあるし、日産コインもあれば、任天堂コインもある。
まぁ、発行しただけで流通していないコインもあるし、単なるポイント程度の利用にとどまるのもある。
その中でもソニーコインはある程度広がっている感じだ。

今では色んな企業が株式で資金調達するのと同様に、仮想通貨でも資金調達するのが当たり前になった。

◎花子から聞いたアイドルグループの「ユニコイン」
太郎には同い年の彼女がいる。
学生時代からの付き合いだ。
彼女は今、アイドルグループが発行する ICO に夢中だ。

花子の好きなアイドルは、ユニーズという事務所に所属してる。
今度、ユニーズコインというのを発行するそうで、今、若い人の間で噂になっている。これは通称「ユニコイン」と言うらしい。

ユニーズは、元アイドルで、News MAP（新しい地図）というグループが立ち上げた DAO 組織だった。

2025年にはYouTube以外に、色んな動画投稿サイトが立ち上がっていた。音楽だったり、お笑いだったり、バラエティーだったり。独自の番組が放映されている。

ユニコインは、視聴者が動画を見て、気に入ったタレントに投げ銭のように投票できるコインだ。
いわば、「いいね！」がユニコインになった感じだ。

タレント事務所のユニーズは広告収入が基本のDAOだけれど、所属タレントに直接、投げ銭が届く仕組みは、タレント自身のモチベーションアップにもなる。
そして、ユニーズの商圏を作るという意味もある。

将来的にはユニコイン限定のコンテンツだとか、グッズなどの販売を行って流通させる仕組みを作るらしい。

「面白い仕組みだな」
花子にしきりに勧められて今、太郎もユニコインのICOに参加してみようと思っている。

あとがき

その昔、玉ちゃんはブログでこんなことを書いてたよ。
これは今から10年前の古いブログ記事だけど、載せとくよ。
その頃はまだブロックチェーンや仮想通貨なんて、何も知らない時だった。

この前、ゴールデンウィークだったので妻と一緒に食事に行ってきました。
行ったのは、今や流行の東京ミッドタウンというところでした。
和洋折衷な、おしゃれな店が立ち並ぶすてきな空間です。

しかし、こういうきらびやかな風景を眺めながら、ぼんやりとまったく逆のことを感じながら歩いていました。
この世の中も長くはないということです。

ああいう東京ミッドタウンのようなところに潤沢なお金をかけて、きらびやかに飾り立てる資金があると思いきや、一方で最近、寝るところにも困るようなワーキングプアな若者がいる。
最近ではネットカフェやらマックなどに寝泊りするフリーターの若者がいるとのことでした。

なんたる格差でしょう。
もちろんいつの時代にもこういう格差はありました。
江戸時代などは天保の大飢饉というのがあって武士階級は死にはし

ませんでしたが多くの農民が餓死したといいます。

昔はもっとひどかったかもしれません。

しかし、これだけ文明が発達し、科学も発達し物が溢れかえり、グルメ番組が垂れ流され、飽食の時代と言われる現代社会においても尚、まだこのようなひどい格差があるということが不思議でなりません。

この現代社会のいびつさ。

そのいびつさだけが際立って私の目には映るのでした。

たとえ東京ミッドタウンなどというおしゃれな場所で食事をしようと、もうこういう格差社会に考えが及ぶと幸福感を感じられないではないですか。

だいたい私は前々からおかしいと思っていたことに。

何かを所有するという行為。

この土地は私のもの。この会社は誰々のもの。この家は俺のもの。

この洋服は私のもの。

しかし、よく考えてみて下さい。これだけ物が溢れる社会において何か特定のものを所有する。

つまり土地でも車でも洋服でも、誰か特定の個人の所有物にしてしまうということに違和感を感じませんか？

この社会はいかに何かを自分のものにするか、そのために皆一生懸命汗水たらして働いています。

われ先に争って良い物を身に着けようとがんばります。

しかし、そもそもそんなに何かを所有するという行為が必要なのか。

車でも何でも買っても使わない日があるでしょう。

車など置き場所に困るぐらい道端に溢れています。

ならば、使わない日は誰かに貸せばいいではないですか。

共同保有にすれば良いではないですか。

洋服だって一度着たら飽きて捨てるような金持ちもいるのですから着たら誰かにあげればいいではないですか。

実は首都圏などの空き部屋率などすごいのです。

空きがあればネットカフェ難民、マック難民にタダで使わせてあげればいいではないですか。

この世の中には物が溢れ返っているのです。

こんなに車でも空き部屋でも洋服でもなんでも在庫が有り余っているのだからタダで配るか共有して使えば全員に行き渡るではないですか。

実は捨てるのに困って不法投棄する輩もいるぐらいです。

最初から競争なんて必要ないではないですか。

あたかもみんなで馬鹿げたゲームをやっているようです。

何か元々楽で安心して暮らせる社会を自分たちで厳しくしているように思います。

社会は甘くないと言いますが、勝手に自分たちで厳しくしているのように思えるのでした。

この無駄が多く、いびつな社会。

このような訳の分らない病んだ社会システムは長く続くわけがないと私は思います。

このような自然に反した社会は当然それ相応のしっぺ返しを食らうのです。

もうそれほど長くはない。

そういうことをぼんやりと考えながら東京ミッドタウンを歩いてい

ました。

★

そう。玉ちゃんは不思議に思うんだよ。
いつからこんな世界に住んでるんだろうなぁって。
今思えば、その昔はお父さんやお母さんはそんなに忙しくなかった。
玉ちゃんの子供時代。7時頃にはお父さんも帰ってきて、一緒に夕食を食べてたよ。

日本人は幸せになったんだろうか。
忙しくなって不幸になっただけじゃないか。
物質だけ豊かに。だけど心はどんどん貧しく。
何か本当に大事なものを置いてけぼりにしてると思うんだよ。

2年前には、こんな記事をブログに転載したことがあった。

中2娘殺害へと母親を追い詰めた、強制退去という貧困刑
http://diamond.jp/articles/-/73510　より

2014年9月、千葉県銚子市の県営住宅で、一人のシングルマザーが中学生の娘を殺害した。貧困状態にあった母親は、2年にわたって家賃を滞納しており、強制退去の対象となっていた。生活保護の相談に福祉事務所を訪れたこともあったが、利用には至っていなかった。
2014年9月、千葉県銚子市で、シングルマザーが中学生の娘とともに無理心中を試みた。母親は、娘を殺した後、自身も自殺する心

づもりであった。しかし、自殺を実行する前に逮捕された。

この母親に対し、2015年6月12日、千葉地裁は「懲役7年」の裁判員裁判判決を言い渡した。求刑の「懲役14年」が半分にまで軽減されるのは、殺人では異例に近い。

事件当時43歳だった母親は、中学2年だった13歳の娘とともに、県営住宅に居住していた。しかし、2年にわたって家賃を滞納したため、明け渡しの強制執行が行われることとなった。

強制執行の日に、事件は起こった。千葉地裁支部の執行官らが室内に入った時、母親は、娘が体育祭で活躍している映像を見ながら、息絶えた娘の頭を撫でていたという（朝日新聞報道による）。

母親はパート勤務だったが、毎月の就労収入は4〜8万円程度。多重債務・国民健康保険料滞納などの困窮状態にあった。母親に、相談できる友人知人はおらず、生活保護を申請しようと考えたものの申請には至っていなかった。公的扶助論を専門とする吉永純・花園大教授（公的扶助論）は、行政側の問題を指摘した上で、
「困窮者は貧困から抜け出すために必要な情報を得る手立てを持てない。だからこそ行政側が積極的な情報提供やアドバイスをする必要がある」

玉ちゃんはこのニュースを見て涙が出たよ。
しばらく涙が止まらなかった。
それほど玉ちゃんと年も違わないお母さん。

明日、追い出される。

そして娘の頭を撫でていた。

どんな気持ちだったろうと思ってさ。

皆は、今の世界をこのまま続けていくの？

どんどん忙しくなる毎日。子育ても忙しい。

こんな世界はおかしくないか？

なんでこんなに物があふれてる現代にこんなことが起きるんだよ。

だから今、一番苦しんでる僕と同じ世代に呼び掛けたい。

違う。違うよ。

もっと違う世界があるはずだよね。

今、僕たちはブロックチェーンという新しい技術を手に入れた。

それは最初はサトシ・ナカモトさんが考案した、ちょっとした提案
だった。

でも、それが突破口になって、有用性がどんどん広がってきた。

ブロックチェーンを使ってもっと違う経済の仕組みが作れるんじゃ
ないか？

みんなで助け合えるシステム。

貧富の差が限りなく開き続けている。

これから資本主義は、どんどんおかしくなっていくだろう。

じゃぁ、中央に富を集めて再分配するシステムの社会主義が良いか
っていうと、それも違う。

そういう中央集権の社会主義はとうの昔に失敗した。

資本主義でも社会主義でもない仕組み。

非中央集権、分散化。

通貨を自分達の手に取り戻して経済圏を自分たちで作る。
ハンガリーやアイスランドがやったように。
ブロックチェーンや仮想通貨を使えば、静かに作っていけるんじゃないだろうか。
別に革命なんてやる必要もない。
今起きてることが静かに広まっていけばできるんじゃないか。

この本はそういう思いで書いた本だよ。
だから通貨の作り方なんかの具体的な方法も載せた。

まぁ、日本のみんながこのメッセージを見て、何か行動に移してくれれば良いと思って書いたんだけどね。

うん。分かる。
玉ちゃんの言いたいことはよく分かったよ。
僕も何かやってみるよ。一緒にやろうよ。玉ちゃん。

ありがとう太郎君。

そうやって玉ちゃんと太郎君。
ヒャッハーー！
ブロックチェーンにぶら下がってブラーンブラーン。
ターザンの如く、どこかへすっ飛んで行っちゃった。

続きはブログでね！

この本の特設ブログ・ブロックチェーン AI 研究所
https://blockchain-ai.tech/

玉ちゃんのブログ「黄金の金玉を知らないか？」
http://golden-tamatama.com/

下の写真は日本初大型 ICO を果たした ALIS の安さんと水澤さんにインタビューする玉ちゃん。

インタビュー記事や動画はブログに載せてるよ。

本当にありがとうございました。

玉蔵

日本初の大型 ICO を行った ALIS の安さんとマーケティング担当の水澤さんに、ICO 直前の8月29日にインタビューしてきたよ。

以下、その時の要約だよ。

・最初 ALIS は日本での ICO は法律上の壁を考えて断念していた。その後、金融庁さんや弁護士さんとの話し合いの中で行けると判断して進めた。基本的に仮想通貨はデジタル資産だからそれを日本で販売することは、たとえると画像データや音楽データの販売に近い。ICO する段階ではデジタルデータの販売だけだから違法でもなんでもない。ただその後、その仮想通貨と他の資産とを交換できるようになったら取引所として事業登録をする必要がある。

・ICO をする際に一番大変なのはセキュリティ対策。例えば ALIS の Twitter アカウントを1文字変えただけの偽アカウントや偽の Slack アカウントなどを作成されて、そこに別のアドレスを書いて振り込ませるような SCAM（スキャム）攻撃が後を絶たない。ALIS が悪くなくてもそのような手口で被害にあったユーザーが増えれば ALIS の評判が落ちる。そのため24時間体制で監視しなければいけない。これがかなりきつい。

・当初から、応援は圧倒的に海外からが多かった。日本人からは少数。逆に海外からは Cool Japan などと応援が来た。9割方は海外からの応援。

・今は海外の ICO に日本人が参加してる状況で、それは日本人のマネーが海外に流出してるということ。この流れを逆にしたい。ALIS が良いスタートを切って次に続く日本の ICO が増えれば良いと思ってる。以上でした！

ALIS さんはその後、ICO 開始4分で1億円を調達！　最終的に1か月の ICO で4.3億円の資金調達に成功した。

みんなも ALIS に続こう！

玉ちゃんの特設ブログ（左頁参照）に ICO 企画を載せとくよ！

玉蔵　たまぞう

玉蔵の名で主宰する、月間150万PV、10年続く人気ブログ「黄金の金玉を知らないか？」（http://golden-tamatama.com/）では、国内外の政治・経済動向から宇宙理論、物理学理論、人体理論等々、幅広い話題をわかりやすく解説して人気を博している。

ブロガー以前は、国内電機メーカーから外資金融、OS開発会社に勤務。Linux Worldなどではエバンジェリストとしても活躍していた。

現在は、信州の田舎で半自給自足生活を行いながら「黄金村コミュニティ」を主宰している。

社会を根底から変えるシェアリングエコノミーの衝撃!
仮想通貨ブロックチェーン&プログラミング入門

第一刷 2017年11月30日
第二刷 2018年2月11日

著者 玉蔵

発行人 石井健資
発行所 株式会社ヒカルランド
〒162-0821 東京都新宿区津久戸町3-11 TH1ビル6F
電話 03-6265-0852 ファックス 03-6265-0853
http://www.hikaruland.co.jp info@hikaruland.co.jp

振替 00180-8-496587

本文・カバー・製本 中央精版印刷株式会社
DTP 株式会社キャップス
編集担当 岡部智子

落丁・乱丁はお取替えいたします。無断転載・複製を禁じます。
©2017 Tamazo Printed in Japan
ISBN978-4-86471-540-9

ヒカルランド 近刊予告＆好評既刊！

地上の星☆ヒカルランド　銀河より届く愛と叡智の宅配便

すべてはここに始まりここに帰る
エドガー・ケイシーの超リーディング
著者：白鳥 哲／光田 秀
四六ハード　本体1,815円＋税

１％寡頭権力支配を撃ち砕く
《ビットコイン》のすべて
著者：宮城ジョージ
四六ソフト　本体1,500円＋税

神が《日の丸と天皇》に隠し込んだ宇宙最奥のヒミツ
シャンバラに招かれた【知花敏彦】から聞いたこと
著者：河合 勝
四六ハード　本体1,620円＋税

世界を動かす【国際秘密力】の研究
トランプ大統領のパフォーマンスは《隠された支配構造》をえぐり出す
著者：ベンジャミン・フルフォード／クリス・ノース
四六ハード　本体1,815円＋税

【アメリカ１％寡頭権力】の狂ったシナリオ
著者：高島康司／板垣英憲／ベンジャミン・フルフォード／リチャード・コシミズ／藤原直哉／ケイ・ミズモリ／菊川征司／飛鳥昭雄
四六ソフト　本体1,851円＋税

神国日本八つ裂きの超シナリオ
著者：飛鳥昭雄／ベンジャミン・フルフォード／菅沼光弘
四六ソフト　本体1,700円＋税
超★はらはら　シリーズ036

ヒカルランド 好評既刊!

地上の星☆ヒカルランド　銀河より届く愛と叡智の宅配便

ヒカルランド 好評既刊！

地上の星☆ヒカルランド　銀河より届く愛と叡智の宅配便

運命上昇！
何をしても 幸せになっちゃう方法
著者：PICO（ぴこ）
四六ソフト　本体1,620円+税

宇宙のレシピ
作って食べて人生が変わる『幸せごはん』
著者：カノウユミコ
四六ソフト　本体1,400円+税

普通のOLが、世界中の魔法使いに弟子入りして、リアルに魔法が使えるようになった話
著者：カワセケイコ
四六ソフト　本体1,500円+税

なぜあなたは何をやっても運が悪いのか？
絶対開運
著者：遠藤裕行
四六ソフト　本体1,500円+税

ヒカルランド 近刊予告！

地上の星☆ヒカルランド　銀河より届く愛と叡智の宅配便

エドガー・ケーシー療法の本！

エドガー・ケイシー療法のすべて
1 皮膚疾患／プレ・レクチャーから特別収録
著者：光田 秀
四六ソフト　予価2,000円+税

エドガー・ケイシー療法のすべて
2 がん
著者：光田 秀
四六ソフト　予価2,000円+税

エドガー・ケイシー療法のすべて
3 成人病／免疫疾患
著者：光田 秀
四六ソフト　予価2,000円+税

エドガー・ケイシー療法のすべて
4 神経疾患Ⅰ／神経疾患Ⅱ
著者：光田 秀
四六ソフト　予価2,000円+税

エドガー・ケイシー療法のすべて
5 婦人科疾患
著者：光田 秀
四六ソフト　予価2,000円+税

エドガー・ケイシー療法のすべて
6 美容法
著者：光田 秀
四六ソフト　予価2,000円+税

本といっしょに楽しむ ハピハピ♥ Goods&Life ヒカルランド

「美味しい〜♪」

ヒカルランドパーク オリジナルグッズ

「お肉が入ってないとは思えない！」

野菜料理研究家カノウユミコさんとヒカルランドパークの高波動コラボによるレトルトシリーズ

2004年発売のベストセラー『菜菜ごはん』をはじめとする野菜だけのレシピで、日本の野菜料理をごちそうにしてきた野菜料理研究家のカノウユミコさん。そのレシピはどれも素材の野菜一つひとつの味が十二分に引き出され、野菜だけとは思えない感動モノの味です。

農家のご家庭に生まれ育ったカノウさんが野菜の調理を始めたのは小学生の頃。そして料理を始めて1万時間を超えたあたりで、一番美味しい食べ方がどういうものなのか、野菜の声が聞こえる感覚を身につけたのだそうです。

そんなカノウさんとヒカルランドパークの高波動タッグがこのたび実現しました。ヒカルランドパークのスタッフで何度も試食を重ね、試行錯誤を繰り返しながら完成したその味は、レトルトの概念を超える他に食べたことのない感動の味わい！「このコクでお肉が入ってないの？」「この味はレトルトを超えた！」。試食したスタッフからは大絶賛の嵐となりました。この美味しさをぜひ一度お試しください。

カノウユミコさん

肉・魚貝・卵・化学調味料・白砂糖・保存料・香料　使用ゼロ
3種のレトルトでエネルギーチャージ！

ヒカルランドパーク取扱い商品に関するお問い合わせ等は
メール: info@hikarulandpark.jp　URL: http://hikarulandpark.jp/
03-5225-2671（平日10-17時）

エネルギーチャージ・みらくるごはんレトルトシリーズ

ごろごろ野菜曼荼羅カレー
■1袋　740円（税込）
●賞味期限：製造日から2年
●原材料：トマトピューレ、ソテーオニオン、かぼちゃ、人参、じゃがいも、とうもろこし、ごぼう、大豆、植物油脂（菜種）、カレー粉、小麦粉、醬油、麦みそ、いんげん、粗糖、調味だし、ココナッツミルクパウダー、おろしにんにく、おろししょうが、パプリカ、食塩

じわじわスパイシー 野菜の麻婆豆腐
■1袋　740円（税込）
●賞味期限：製造日から2年
●原材料：豆腐、玉ねぎ、粒状大豆たん白、麦みそ、でん粉、醬油、おろししょうが、発酵調味料、食用ごま油、粗糖、おろしにんにく、豆板醬、トマトペースト、豆鼓醬、酵母エキス、山椒末、豆腐用凝固剤（一部に小麦・大豆・ごまを含む）

天まで突抜 コク辛グリーンカレー
■1袋　740円（税込）
●賞味期限：製造日から2年
●原材料：水、ショウガ、にんにく、レモングラス、青唐辛子、コリアンダーパウダー、クミンパウダー、しょうゆ、グリルナス、赤ピーマン、しめじ、タケノコ、菜種油、ココナッツミルクパウダー、野菜ブイヨン、てんさい糖、天日塩、レモン汁

はぴはぴプレミアム369(みろく)セット

同種／3種類セットをご用意しております。お歳暮やプレゼントにもどうぞ。日が経つほど味がしみ込んで美味しくなりますので、防災用のローリングストックにも。

■3個セット
2,000円（税込）　1個あたり 667円

■6個セット
3,900円（税込）　1個あたり 650円

■9個セット
5,800円（税込）　1個あたり 644円

ヒカルランド 好評既刊！

地上の星☆ヒカルランド　銀河より届く愛と叡智の宅配便

量子波動器【メタトロン】のすべて
著者：内海 聡／内藤眞禮生／
吉野敏明／吉川忠久
四六ソフト　本体1,815円+税

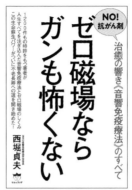

ゼロ磁場ならガンも怖くない
著者：西堀貞夫
四六ソフト　本体1,815円+税

なぜ《塩と水》だけで
あらゆる病気が癒え、若返るのか!?
著者：ユージェル・アイデミール
訳者：斎藤いづみ
四六ソフト　本体1,815円+税

なぜこれほど多くの病いと不調が
【テラヘルツ量子波エネルギー】で
消えてしまうのか
著者：佐藤清＆テラヘルツ研究
取材班
四六ハード　本体1,750円+税

医者だけが知っている本当の話
著者：内海聡／真弓定夫
四六ソフト　本体1,500円+税

もっと知りたい
医者だけが知っている本当の話
著者：内海聡／真弓定夫
四六ソフト　本体1,500円+税

ヒカルランド 好評既刊！

地上の星☆ヒカルランド　銀河より届く愛と叡智の宅配便

ミラクル☆ヒーリング
こんなに凄い！宇宙の未知なる治す力
著者：小林 健／船瀬俊介
カバー絵：さくらももこ
四六ソフト　本体1,204円+税

ミラクル☆ヒーリング2
宇宙的しがらみの外し方
著者：小林 健／吉本ばなな
カバー絵：さくらももこ
四六ソフト　本体1,204円+税

古代のスピリットと共に
《すべてを超えて》生きよう
著者：増川いづみ
四六ハード　本体1,685円+税

大崩壊渦巻く［今ここ日本］で
慧眼をもって生きる！
著者：増川いづみ／船瀬俊介
四六ハード　本体1,759円+税

これからの医療
著者：小林 健、増川いづみ
四六ハード　本体1,759円+税

なぜ音で治るのか？
著者：ミッチェル・ゲイナー
訳者：神月謙一
監修：増川いづみ
四六ソフト　本体2,000円+税

ヒカルランド 好評既刊！

地上の星☆ヒカルランド　銀河より届く愛と叡智の宅配便

地球まるごと蘇る『生物触媒』の
サイエンス！
著者：髙嶋康豪
四六ソフト　本体1,815円+税

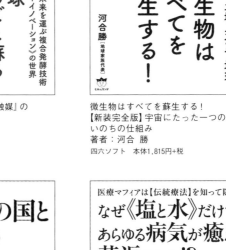

微生物はすべてを蘇生する！
【新装完全版】宇宙にたった一つの
いのちの仕組み
著者：河合　勝
四六ソフト　本体1,815円+税

特殊なこの国と天皇家の超機密ファイル
神の国の《神》がわれわれにさえも隠したもの
著者：吉田雅紀／菅沼光弘／板垣英憲／
出口恒／小野寺直／畠田秀生／飛鳥昭雄
四六ソフト　本体2,000円+税

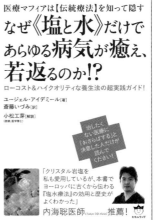

なぜ《塩と水》だけで
あらゆる病気が癒え、若返るのか!?
著者：ユージェル・アイデミール
訳者：斎藤いづみ
四六ソフト　本体1,815円+税

ヒカルランド 好評既刊！

地上の星☆ヒカルランド　銀河より届く愛と叡智の宅配便

戦争は奴らが作っている！
著者：船瀬俊介／ベンジャミン・フルフォード／宮城ジョージ
四六ソフト　本体1,750円+税

知性を再構築せよ！
嘘だらけ現代世界
著者：船瀬俊介／ベンジャミン・フルフォード／宮城ジョージ
四六ソフト　本体1,750円+税

サイキックドライビング
【催眠的操作】の中のNIPPON
著者：飛鳥昭雄／天野統康／他
四六ソフト　本体1,815円+税

この国根幹の重大な真実
著者：飛鳥昭雄／池田整治／板垣英憲／他
四六判ソフト　本体1,815円+税

ヒカルランド 近刊予告＆好評既刊！

地上の星☆ヒカルランド　銀河より届く愛と叡智の宅配便